世界が求める 創価の人間教育

創価学会教育本部 編

第三文明社

教育本部指針

指針「人間教育実践記録の誇り」

我らの実践記録は——

一、わが生命に永遠に光る「黄金の日記文書」なり！

一、若き友の無限の宝を映し出す「人間教育の明鏡」なり！

一、社会と世界を希望で照らす「未来までの物語」なり！

まえがき

それは、昨年（二〇一九年）秋のことでした。

富山県で行われた創価学会教育本部の「全国人間教育実践報告大会」に、アメリカ、スペイン、カナダの教育者の方々が遠路、海を越えて参加されたのです。

実践報告を聞き終えた感想を、そのうちのお一人は、こう表現されました。

『夢が叶（かな）った』というのが率直な思いです。創価教育とはどんな人間を育てる教育なのかを研究してきた私にとって、その答えを見つけることができたのですから」

私は、創価三代の師弟を貫く教育の理想が現実のものとなっている光景を目（ま）の当たりにし、胸にこみ上げるものを抑えることができませんでした。

小学校の校長であった創価学会初代会長・牧口常三郎先生と、第二代会長・戸田城聖先生が、師弟して打ち立てられた「創価教育」の理念と実践を、世界へ広げていく——それこそが、第三代会長・池田大作先生の人生を貫く「夢」に他なりません。

牧口先生の大著『創価教育学体系』が発刊されたのは、一九三〇年十一月十八日。日本が国を挙げて軍国主義教育へと傾倒していく時代でありました。子どもを富国強兵の「手段」とみなす教育が行われていたなかにあって、牧口・戸田両先生は「教育の目的は子どもの幸福である」と断言されたのです。

どうすれば、子どもたちに幸福な人生を送らせることができるのか。牧口先生は「創価」すなわち「価値創造」の力を涵養することである、と示されました。幸福とは与えられるものではありません。いかなる状況にあっても、自ら創り出していくものです。

自身が関わる子どもたちから「幸福を創る力」を引き出していくために、一人ひとりの可能性を信じぬき、個々の特性をありのまま受け容れながら、励まし続ける。

どこまでも支え、心と心をつないでいく――創価の人間教育の実践を端的に申し上げるならば、こうした「全人格的な関わり」であり、「智慧（ちえ）と慈悲の発露」であると言えましょう。

池田先生のご提案により一九八四年に始まった教育実践記録運動は、累計十四万五千事例を突破しました。このなかで一人ひとりが胸に刻（きざ）んだ確信は、教育本部の指針「人間教育実践記録の誇（ほこ）り」として明記されております（本書一ページに別掲）。

この永遠の指針を、私たちは池田先生からのご期待と捉（とら）え、今も日々、実践記録を積み重ねております。

本書には、その実践事例のなかから、近年の「全国人間教育実践報告大会」等で発表された代表事例を収めました。

池田先生と対談集を発刊した中国教育学会の顧明遠（こめいえん）名誉会長も、私たちの活動に深い関心を抱（いだ）いてくださっているお一人です。私が「日中友好教育者交流団」の団長として北京（ペキン）で出会いを結んだ折（二〇一一年）にも、顧名誉会長は「一人ひとりの事例から学び、そこから法則性を見つけ出していくことが大切です」と、実践記

中国・北京市内の中日友好協会和平宮で行われた、中日友好協会と創価学会教育本部共催の中日友好教育実践報告交流会（2011年12月） ©Seikyo Shimbun

録運動への期待を寄せてくださいました。

時代が混迷の闇に包まれるなかでこそ「創価教育」は光ります。世界中が新型コロナウイルスに立ち向かう現在にあっても、創価の人間教育者が子どもたちの笑顔のために奮闘している様子が続々と報告され、周囲に社会に希望を広げています。

池田先生は二〇一五年に上梓された指針集『わが教育者に贈る』（聖教新聞社）のなかで、「教育本部の皆様こそが、『創価教育学体系』の〝続編〟を綴りゆく創価教育の後継者であり、『実践編』を体現されゆく人間教育の真正の勇者である」と宣揚してくださいました。本書は、その呼びかけに応える一書であり、『創価教育学体系』発刊百周年となる二〇三〇年を開くための一歩でもあります。子どもの幸福を願う教育者の方々に「勇気の火」をともしゆく一助となれば、これに勝る喜びはありません。

結びに、編集・出版の労をとってくださった関係者の方々に、衷心より感謝申し上げます。

二〇二〇年十一月十八日

創価学会教育本部長　髙梨幹哉

世界が求める 創価の人間教育

目次

人間教育実践報告

一、本書は、『聖教新聞』、月刊誌『灯台』に掲載された学識者のインタビュー、教育実践報告の代表事例等を、登場者の了解を得て収録し、加筆・修正したものです。

一、所属、肩書等は掲載時のものです。

一、引用および参照した箇所については、番号を付し、記事の最後にその書籍名等を記しています。

インタビュー

創価学会教育本部の「教育実践記録」は、価値創造のドラマだ！

世界が求める「人間教育」

アメリカ　デポール大学「池田大作教育研究所」　所長

ジェイソン・グーラー

世界で注目を集める池田大作ＳＧＩ（創価学会インタナショナル）会長の教育思想について、アメリカ・デポール大学の「池田大作教育研究所」で所長を務める（つと）ジェイソン・グーラー博士に聞きました。

世界で研究が進む
池田ＳＧＩ会長の教育思想

――グーラー博士は、二〇一四年に、勤務されているアメリカ・デポール大学に「池田大作教育研究所」（以下、研究所）を設立されました。研究所の設立目的について教えてください。

グーラー　研究所の目的は大きく三つあります。一つ目は、牧口常三郎創価学会初代会長、戸田城聖第二代会長、池田大作ＳＧＩ会長（第三代会長）という三代会長の教育思想に関する研究を行うためです。具体的には、創価の教育思想に基づいた教育哲学やその実践に関する研究を行っており、その研究成果は主に、教育学術会議等で発表しています。

二つ目は、歴代会長の著作物の翻訳をするためです。今は、牧口初代会長の『創価教育学体系』の翻訳について準備を進めています。

三つ目は、デポール大学のあるシカゴの小学校・中学校、そして高校の教職員に、三代会長の教育思想に対する理解と共感を得るための情報発信を行っています。

――今、世界で、池田会長の思想・哲学を研究対象とする機関が次々と設立されています。その理由は何だとお考えですか。

グーラー　ご存じの通り、池田会長と深い絆を持つ中国には、北京大学の「池田大作研究会」をはじめとして、池田会長に関する研究機関がたくさんあります。他にも、スペイン・アルカラ大学やカナダのゲルフ・ハンバー大学にも専門の研究機関が設立されました。

それぞれの国の教育事情は異なりますが、アメリカについて言えば、その教育制度が経済至上主義的なものに変化してきたことに対する不満や不安があるように思います。

近年の教育政策を見ると、経済的発展に寄与する人材を育てることに主眼を置いており、個人も、優良企業に就職するために良い成績を収めることを重視する傾向が強くなっています。

なかでも今、教育界で注目を集めているのが「批判的教育学」と呼ばれるものです。これは、カール・マルクスやパウロ・フレイレの批判主義に立脚したもので、徹底した合理主義・論理主義を教育現場に持ち込むあまり、情緒や人間性を見失ってしまう側面があるのです。

その結果として、教師と子どもとの関係が希薄となり、教育現場においては、「学ぶ喜びが薄らいでいる」との指摘があります。

こうした問題は教師自身も憂慮していて、現状を変えていきたいとの思いはあるのですが、〝どのようにすれば、学生に希望を持たせ、創造性や情熱を引き出す教育ができるのか〟と暗中模索している教師が多いのです。

そのような状況のなかで、アメリカの教師が池田会長の書物を読むと、「批判的教育」とはあまりにも異なる〝生きた〟教育理念に、皆が驚くのです。

池田会長が書物で書かれていることは、実にわかりやすく、誰もが理解でき、さらに思想が普遍的かつテーマが壮大なので、読む人がそれぞれの立場・状況に即して受け入れ、自分のこととして考えていけるのです。

――だからこそ今、池田会長の教育思想が世界の教育界で共感を広げているわけですね。

グーラー　その通りです。日本では、池田会長の書籍は、ほとんどが「新宗教」のジャンルの棚に置かれていますが、アメリカでは、「哲学」や「教育」、「仏教」や「平和」というジャンルの棚に置かれています。これは、池田会長の思想が多岐(たき)にわたる分野で注目され、受け入れられていることを表していると思います。

「人間教育」とは何か

――池田会長の教育思想の特徴は、何だとお考えですか。

グーラー　私は、池田会長の思想の根幹には「人間教育」があると考えています。池田会長は、書籍『法華経の智慧（ちえ）』のなかで、「人間教育と仏法は表裏（ひょうり）一体なのです。ゆえに、牧口先生は教育から出発して法華経に至り、私は法華経を根底に、教育・文化運動を繰り広げているのです」[※1]と述べられています。

つまり人間の幸福を、一つは（仏法という）宗教的な方法で、もう一つは（教育という）世俗的な方法で達成しようとするわけですが、目的は同じで、人間の幸福なのです。

少し学術的な話で恐縮ですが、「人間教育」という言葉は、一般的にも広く使われています。英語では、「ヒューマニスティック・エデュケーション」、つまり、「人間主義的教育」と訳されることが多いですが、池田会長は、「人間をつくる」ことを教育の本義とされているという観点から、私は「ヒューマン・エデュケーション（人間教育）」と呼んでいます。

その「人間教育」の特性とは何か？　一つは、生徒や親、同僚を尊重し、思いやりの心を持って接するという点です。目の前の人を励まし、その人の持つ無限の可能性を信じ、何があっても関わり続けていく行動にあります。

もう一つは、他者との関わりを通して、自身の生命の持つ潜在的な可能性を自覚していくことです。池田会長にとって、人間であることとは、自身の可能性を最大限に生かして生きることであり、より生命を輝かせていくことです。そしてそれは、他者との対話を通して、差異を乗り越え、共に成長するなかで達成されます。まさに、教育とは「共育」なのです。

さらに、「人間教育」とは、人間の価値を矮小化する「競争」から、価値を無限に「共創」しゆくアプローチとも言えます。このようにして、私たちは、「きしむような重い生命の扉」を開き、瞬間瞬間に創造的に生命を輝かせ、人間としての自己の可能性を、どこまでも広げ続けていくことができるのです。

「人間教育」は、学校教育にとどまるものではありません。池田会長にとって「人間教育」というコンセプトは、池田会長のエートス（道徳的気風）の根幹をなすものであり、それは、世界市民教育、家庭教育、人権教育、教育のための社会、対話、人間革命、自己開発、持続可能な生物圏を実現するための等身大のパラダイムなど、多岐にわたる分野に恒久的かつ重要な貢献をしていく視点と言えるでしょう。

「教育実践記録」の重要性

――創価学会教育本部が毎年開催している「人間教育実践報告大会」では、全国の教育部のメンバーが日々の教育活動を記録した「教育実践記録」が発表されます。その意義について、博士はどうお考えですか。

グーラー　それはまさに、今私が述べた、「人間教育」の持つ、二つの特性を備えた素晴らしい取り組みだと思います。牧口初代会長は、著書『創価教育学体系』のなかで、「（教育は）経験より出発せよ」と述べられています。学者や学説から教わるだけではなく、教師自ら（みずか）の教育体験から学ぶことが大事だというのです。

池田会長が「教育実践記録」を残すことを提案されたのは、一九八四年に発表された提言「教育の目指すべき道　私の所感」でした。そのなかで池田会長は、「具体的な教育実践の中で、新たな青少年観、成長発達観を練り上げ、皆さまの手で今日的な教育理論を構築していっていただきたい」[※2]と述べられています。つまり、自分たちでつくっていきなさいと言われているのです。

「人間教育」の教授法を定義するのはとても困難です。なぜなら、「子どもの幸福」という目的を達成するために何をどのように実践するかは千差万別であり、そこにこそ教師自身の努力と創造力が求められるからです。そういう意味において、一つ一つの「教育実践記録」が、とても重要なのです。

教師自らが「人間革命」を成し遂げる

――博士は、二〇一九年十月、富山県で開催された「全国人間教育実践報告大会」に来賓として参加されました。大会に参加した印象はいかがでしたか。

グーラー　とても素晴らしかったです。発表された先生方は、皆さん、それぞれが抱える教育上の困難や課題を、池田会長の言葉に励まされつつ、祈り、自分のやり方で挑戦し、乗り越えていました。それは創価学会の信仰の「体験発表」に似ています。つまり、悩みがあって、祈って、乗り越える、まさに「価値創造」のドラマです。

先日、創価学会教育本部の髙梨本部長から伺った話がとても印象的でした。つまり、「仏法は、文証・理証・現証、いずれも大事ですが、結局最後は現証が重要です。現証でしか伝わらない信仰のすごさというものが、どうしてもあると思うのです。

それに通じるのが教育実践記録なのです。子どもの状況も先生の状況も千差万別だからこそ、その人でなければ伝えられないのです」と。まったくその通りだと思います。

さらに言えば、子どもを通じて、教師自身が人間革命していく姿がとても印象的でした。子どものことで悩み、そのことで教師自身が祈り、自分を変革します。その教師の変化に呼応（こおう）するかのように、子どもも変化し成長を遂げていきます。まさに、教育は、「共育」だということを痛感します。

教育本部の皆さんは、その体験を記録して大勢の前で発表し、それを聞いた人が触発され、またヒントを得て自分の教育に生かし、それが子どもの幸福へとつながっています。こんな素晴らしい世界は、他にはないでしょう。

世界で「実践記録」の研究が始まった

――「実践記録」の数は、すでに十三万事例（二〇一九年十二月時点）にも上り、現在は毎年一万事例ずつ増えているといいます。しかも、今や創価学会員ではない人も記録してくれているそうです。

グーラー　私の著書『希望と歓喜』の共同編者であるパデュー大学教育学部のヌニェス博士をはじめとして、私の周りの研究者のなかにも、「実践記録」について関心を持つ人が増えています。また、研究をしたいと申し出る大学院生も出てきました。翻訳が進めば、さらに「実践記録」の研究が進んでいくでしょう。

そういう意味で、教育本部の皆さんの使命は大きいと思います。牧口初代会長は、〝教育の最大の目的は、子どもの幸福である〟と断言されました。教育をとりまく環境をみると、その理想の実現は難しいと感じる方も多いかもしれません。しかし、子どもたちのために悩み、試行錯誤し、共に成長していくなかにこそ、「希望と歓喜」溢（あふ）れる教育を実現する鍵があるのだと思います。

※1『普及版　法華経の智慧　上』（聖教新聞社）、一五〇ページ
※2『池田名誉会長の指針　わが教育者に贈る』（聖教新聞社）、一八九ページ

ジェイソン・グーラー

一九九五年初来日。九九年、関西学院大学で基礎法学修士号を取得。二〇〇五年、ニューヨーク州立大学バッファロー校にて、第二言語教育及び外国語教育の分野で博士号を取得。その後、高校教師などを経て、〇八年より日本、アメリカ、ブラジル、シンガポール、マレーシアにおける創価教育の実践についての研究を開始。言語教育、環境教育、カリキュラム学、教育学などの分野において池田・創価研究を行う。現在、イリノイ州シカゴのデポール大学教育学部にて、「創造性と批判的思考：池田・牧口・バフチン・ヴィゴツキー」などの講座を担当。

インタビュー

激動の時代における教育の役割と創価教育への期待

アメリカ　パデュー大学　教育学部長
イザベル・ヌニェス

八月十二日は「教育本部原点の日」。淵源である、池田大作SGI（創価学会インタナショナル）会長が出席した教育部（教育本部の前身）の夏季講習会（一九七五年八月十二日）から、二〇二〇年で四十五周年を迎えます。

今や、アメリカやスペインなどの大学に〝池田教育研究所〟が開設され、世界の教育者や学術者が、池田SGI会長の思想や創価の人間教育を研究する時代となりました。

コロナ禍などによる激動の時代に教育の果たすべき役割とは何か。創価教育への期待とは――池田SGI会長の教育哲学を研究している、アメリカ・パデュー大学教育学部長のイザベル・ヌニェス博士に聞きました。（『聖教新聞』二〇二〇年八月十一日掲載）

「歓喜」は人生を豊かにする「学び」の基盤

――ヌニェス博士は、池田SGI会長と歴史学者ビンセント・ハーディング博士との対談集『希望の教育　平和の行進』を読んで池田会長を知り、研究を重ねてこられたと伺いました。池田会長の思想や行動で、特に注目されているのは、どのような点でしょうか。

ヌニェス　対談集と出合ったのは、七年ほど前のことです。厳しい現実に目を背けることなく、事実に基づきながらも、読者に「希望」を与える内容でした。彼らの対談は人類の善と変革の可能性に対する確信に溢れていました。

この幸運な出合いから、池田SGI会長の思想を研究するようになったのです。

会長の著作を読み進めるなかで特に印象に残っている言葉は「歓喜」です。『法華経の智慧』では、生命には「歓喜」を見つけ、「歓喜」を生み出す無限の可能性が備わっていることが強調されています。一読者として大きな衝撃を受けました。「歓喜」こそ、人生を豊かにする「学び」の基盤であると私は信じています。

池田会長の教育思想は教師の内面の変革を促す

——池田会長の思想の研究が進むことで、世界の教育界に、どのような影響を与えると思いますか。

ヌニェス　教育界は、とりわけ困難な状況にあります。長年にわたる教育格差や教育の目的の喪失に加え、感染症の世界的大流行、人種差別の問題などに直面しています。

このような危機的状況から、発展と変革のチャンスを生み出す上で、池田会長の哲学は「歓喜」に向かう「希望」に満ちた道を照らし示してくれます。

現在、デポール大学の「池田大作教育研究所」のジェイソン・グーラー所長との共著で、池田会長の思想と魅力を紹介する書籍の発刊の準備が進んでいます。その着想の源となったのが、池田会長の「希望」と「歓喜」の考え方でした。

アメリカをはじめ世界の教育界が抱える多くの課題は、市場的価値観であらゆる側面を判断する経済的・政治的イデオロギーによって生じたものです。

労働人口の創出が教育の唯一の目的となってしまい、共通の文化遺産の継承や保護、民主主義への参加や社会変革の主体者となるための青年育成といった「教育の目的」を見失っているのです。

これらによって、人々が教職を目指す動機となるべき、教師本来の価値観も侵害されています。

創価の人間教育は、こうした課題に対抗する強力な役割を果たすと確信しています。

創価教育は、とりわけ教育者にとって、個人の内面性の充実や、歓喜と充実の共有といった、より広く深い価値観を取り戻す助けとなるでしょう。

2019年5月、ヌニェス博士（左から2人目）が、デポール大学池田大作教育研究所のグーラー所長（同3人目）と共に来日。教育本部の代表と懇談した（東京都内で）
©Seikyo Shimbun

――池田会長はかつて「時代、社会の変動によって、教育の方法も変化しよう。しかし、子どもと共にあり、子どもを愛し、断じて守り抜こうとする心は、絶対に変わってはならない。そこに、人間教育の原点もあるからだ」※と訴えました。コロナ禍による変化が続く今、教師には、どのような役割が求められるでしょうか。

ヌニェス　経験豊富な教師であれば、子どもたちの生活や成長に関わる自身の役割が、単に知識や技術を教えるだけではないことを熟知しています。ある時はコーチ、看護師、カウンセラーとなり、またある時は親ともなり、さまざまな役割を果たすのが教師です。

これは、コロナ禍によって生じたのではありません。コロナ禍によって鮮明（せんめい）になったのです。まして、コロナ禍によって多くの子どもたちが従来の支援を受けられなくなったことで、教師の重要性は増しています。

すでに大きな役割を担っている教師の方々に、これ以上、要求するのは難しいことかもしれませんが、子どもたちに〝あなたを大切に思っている〟〝私はあなたを支えるためにいる〟と伝えていくことが、これまで以上に大切です。

今、子どもたちだけでなく、その家庭、地域、さらには社会全体を包み込むような、広大な視野を持った教育哲学が求められているのです。

――池田会長の提案で始まった創価学会教育本部の「教育実践記録運動」は、昨年度（二〇一九年度）で十四万五千事例を突破しました。代表事例の英訳も進んでいます。博士は教育実践記録運動の意義について、どのようにお考えですか。

ヌニェス　二〇一九年に訪日した折、教育本部の方々から実践記録運動について伺い、大変にうれしく思いました。

皆様の教育実践記録は、それぞれの教師の人生と仕事を綴る「物語」であり、人間の経験における最も豊かな資料と言えるでしょう。

私も、かつて出版した共著本で、教育実践のエピソードを紹介したことがあります。

それは私が二十三歳の時、ロサンゼルス郡にある小学校の一年生の担任として出会ったアレックス（仮名）との物語です。

彼は、授業中に教室を走り回ったり、机の下に潜り込んだりしていました。しかし、他の児童に手伝ってもらうと学業に取り組むことができました。

クラスの子どもたちは、自発的にアレックスに勉強を教えてくれました。彼の学習を支えることで、皆が直感的な喜びを感じていたようです。友達の優しさに包まれたアレックスは、次第に親切な行動を取るようになっていきました。

その後、アレックスは特別支援学校に転校することになりましたが、互いを助け合うクラスの気風は継続しました。

私は特別支援教育の専門家ではありません。アレックスは転校によって学習が進み、より幸福になったかもしれません。

しかし、その後に担当したクラスでも、同じような気風をつくる努力をしましたが、クラスの皆の心に潜在する〝善意を信じる心〟〝皆を大切にする心〟が、アレックスがいたあのクラス以上に引き出されることはなかったのです。どんな子にも、その子にしかない使命があることを、アレックスから教えてもらいました。

こうした「物語」は、「教え」と「学び」の最も効果的な手段でもあります。

教育本部の皆様が残されている、これほど多くの教師による共通の哲学に基づいた「物語」は、創価教育や日本の教育の研究に関するデータの宝庫とも言えます。

とりわけ池田会長の教育哲学の理論的枠組みを研究する教育学者にとって、多くの手掛かりを得る貴重な資料となります。

激動の時代に希望を送る創価の人間教育の哲学

――博士が、さらに研究を進めようと思われている、創価の教育哲学は何でしょうか。

ヌニェス　最も時に適っているのは、創価教育の変革の力を研究することです。あらゆる社会変革は「一人」から始まります。教師は目の前の一人ひとりを励まし、内面の変革を促す上で最高の立場にあります。

社会変革のための教育興隆に向けた創価の人間教育の実践と効果を研究する上で、ぜひともアメリカと日本の教育実践の「物語」をまとめ、比較研究をしたいと思っています。

――コロナ禍のなかで奮闘する教育者へのエールをお願いします。

ヌニェス　私たちは、絶望に陥ってしまいがちな、衝撃的なことばかりを経験しています。しかし、一つ一つの新たな挑戦から学び、成長することができます。
人生にもたらされるあらゆることに、「信頼」「信念」「感謝」の心で、共に立ち向かっていきましょう！

※『新・人間革命』（聖教新聞社）第二十四巻「人間教育」の章、二五八ページ

イザベル・ヌニェス
アメリカ・パデュー大学教育学部長、教授。専門は教育政策、カリキュラム研究など。法科大学院を卒業後、アメリカ、イギリスの小学校教員などを経て、イリノイ大学シカゴ校で博士号を取得。数々の大学で教壇に立ち、現職に至る。

寄稿

牧口先生の生誕の月に寄せて——

世界が希求する〝内なる変革〟の教育

創価大学　文学部　教授
高橋強（たかはしつよし）

本年（二〇二〇年）は、創価教育の父・牧口常三郎創価学会初代会長の生誕（六月六日）百四十九周年であり、牧口初代会長の大著『創価教育学体系』の発刊（十一月十八日）から九十周年を迎えます。

今や創価教育は、牧口初代会長から戸田城聖第二代会長、そして池田大作SGI（創価学会インタナショナル）会長（第三代会長）へと受け継がれ、創価の学び舎は世界七カ国・地域に設立。中国、アメリカ、スペインの大学等に創価教育を研究する機関も誕生しています。

ここでは、創価大学文学部の高橋強教授の「牧口先生の生誕の月に寄せて――世界が希求する〝内なる変革〟の教育」と題した寄稿を紹介します。（『聖教新聞』二〇二〇年六月二十八日掲載）

「子どもの幸福」に尽くす創価の人間教育を未来へ

新型コロナウイルスの感染が広がるなか、創価大学では、いち早くオンラインシステムを活用した授業を取り入れ、四月から新学期がスタートしました。大学のみならず小・中・高の学校現場など、さまざまな場面で、オンライン授業の導入をはじめとした教育環境の劇的な変化が起きています。今後も、教育の形は必要に応じて変わっていくでしょう。

ゆえに今こそ、〝いかなる変化のなかでも「変わらない・変えてはいけない」教育の価値とは何か〟を追求すべき時であると実感しています。

私は長年にわたり、創価大学の創立者・池田大作先生の思想を研究する中国の学者らと交流してきました。本稿では、教育に携(たずさ)わる方々の思索の一助となればとの思いで、私なりの「創価教育」の考察や中国の研究者の視点を紹介させていただければと思います。

海外の学識者が池田思想を研究

「創価教育」とは何か？——創価大学で教壇に立つなかで常に自身に問い続けてきました。しかし、「自身に問いかける」だけでなく、「世界へ発信する」使命を自覚した大きな転換点が訪れました。それは、二〇〇一年十二月に「池田大作研究会」を北京大学に設立した賈蕙萱教授との出会いでした。

賈教授が交換教員として創大に滞在された当時、私は創大国際部の副部長として賈教授とよく語り合いました。池田先生のことについて、それはそれは多くのことを聞かれました。

ある時、賈教授から「池田先生が一番よく使う言葉は何だと思いますか？」と尋ねられました。そして、「それは『勝つ』『勝利』ですよ」と言うのです。

賈教授は日中友好に尽くす池田先生の功績を、よくご存じでした。その上で、先生の思想は、幸福の人生を勝ち取るための実践の哲学であることを見出し、深めていかれたのです。

賈教授によって北京大学の池田大作研究会が設立されると、中国各地の大学に池田先生の思想を研究する機関や学生団体が次々と誕生。そして、各地の研究者が池田思想の研究成果を発表し合う国際学術シンポジウムが開催されるようになったのです。創大が共催し、中国全土の研究者が集まるシンポジウムは〇五年に始まり、現在までに十回を数えています（二〇二〇年六月現在）。

私も創大の一教員として、創立者の人間教育について発表する機会を得ました。これが、創価教育について本格的に整理・思索するきっかけとなりました。

三代に継承され発展した理念

賈教授をはじめ中国の交換教員から、創価教育や池田先生の教育思想について問われた時には、私は次のように答えています。

牧口先生と池田先生の教育の目的は同じであり、池田先生の教育思想は、牧口先生の価値論、戸田先生の生命論を受け継ぎ、自身の人間革命論を通して発展させたものである、と。

つまり、①人間の内なる無限の可能性を開き鍛え（生命論）、②そのエネルギーを価値の創造へと導き（価値論）、③社会を築き、時代を決する根源の力を引き出す（人間革命論）――これこそが創価教育であると捉えています。

その要諦は、人間を基軸とし、人間の〝内なる変革〟を促す教育です。

池田先生は、中国教育学会の顧明遠名誉会長との対談集『平和の架け橋――人間教育を語る』（東洋哲学研究所、二〇一二年）でこう述べられています。

「創価教育の目的は、美・利・善の価値を実生活のなかで創造しゆく人格を育むことである。創価教育を人間教育と表現するのは、こうした人格を育てていく作業を重視しているからである」と。

池田先生の教育理念の大きな特徴は、創価教育学の理論を教育現場や日常生活の上で実践できるように展開されたことにあります。

そして、自身の振る舞いでその理念を体現される「知行合一（知識と行動の一致）」の姿に皆、納得と共感を示すのです。

多彩な分野に展開される哲学

研究が進むにつれ、改めて実感することは、池田先生の思想が、いかに遠大で深遠であるかということです。それぞれの学者が自身の専攻する学問を通して池田先生の思想を深め、現代社会に新たな価値を展開しているのです。

ここで中国の研究者による視点の一端を紹介したいと思います。

牧口先生は「教育の目的は子どもの幸福」と厳然と叫ばれました。「人格を育む教育」とは、どこまでも「目の前の一人の子どもの幸福」に尽くすということに他なりません。

中山大学「池田大作とアジア教育研究センター」副所長の王麗栄教授は「人格を育む」との観点から、「道徳教育」の側面に注目しました。

「子どもを育む上では、単に知識を与えるだけでなく、人格的な成長を促し、健全に発育していくことが大事です。そのために何が美しくかつ、人として価値があることなのかを教える『美育』が有効です」「(言葉や振る舞い、表情などを通して聴衆や対話の相手の善性を引き出す）池田先生の焦点は、常に『人間』です。自身の全人格を通して目の前の一人を励まし、育てる。この先生が実践してこられた人間主義の教育は、まさに美育のお手本なのです」と語っています。

一方、佛山科学技術学院「池田大作思想研究所」副所長の李鋒講師は、池田先生の「世界市民教育」に大きな共感を示しています。

牧口先生は著書『人生地理学』で、郷土こそ「自己の立脚地点」であることに着目しました。そして、一人の人間は地域に根差す「郷土民」であると同時に、国家に属する「国民」であり、世界を舞台とする「世界民」であり、この三つの自覚を併せ持つことで、人生の可能性を豊かに開花できると訴えました。ここに世界市民教育の魂があります。

池田先生はコロンビア大学ティーチャーズカレッジでの講演（一九九六年六月）で、世界市民の三つの要件として、①生命の相関性を認識する「智慧」②差異を尊重し、成長の糧とする「勇気」③苦しむ人に同苦し、連帯する「慈悲」——を示しています。

異文化コミュニケーションを研究する李講師は、「池田先生の世界市民教育は、異文化理解の教育に大きな示唆を与え、地域や民族等に対する偏見や差別を取り除き、世界の平和促進に有益である」と考察しています。

また、陝西師範大学「池田大作・池田香峯子研究センター」副センター長の曹婷副教授は、「善性の開発を目標とする人間主義の教育は、民族やイデオロギーの壁を克服し、智慧を引き出し、真の文化を創出することができる」と述べています。

さらに、「子どもたちにとって、最大の教育環境は教師自身である」とは池田先生が示された指針です。

肇慶学院「池田大作研究所」副所長である蔣菊副教授は、この指針から「教師論」を展開します。

「教師と子どもの生命と生命の触発こそが教育の原点である」とし、教師自身の人生観、教育観、人間観の確立をはじめとした〝人間的成長〟が大切であると結論付けました。

変化の時代に挑む教育実践を

今、中国をはじめ海外の研究者が注目しているのが、池田先生の提案によって創価学会の教育本部が推進している、人間教育の「実践記録」です。膨大な教育実践の記録が残っているという事実は驚嘆をもって受け止められています。

教育本部の皆様の使命は本当に大きいと思います。

私自身も常に、小説『新・人間革命』第十五巻「創価大学」の章に描かれる山本伸一の姿を模範として、自分なりに実践してきました。

オンライン授業という新しい環境のなかでも、池田先生の一人を大切にする理念を実践に移そうと、自宅などで受講する学生たちが孤独を感じていないか、一人で悩んでいないかに気を配りながら、グループディスカッションを多く取り入れたり、なるべく学生の名前を直接呼びかけたりするなど知恵を絞り、工夫をこらす毎日です。

三代にわたって受け継がれてきた創価教育は、今度は私たちの実践によって未来へと受け継がれていきます。未曽有のコロナ禍のなかでの教育実践は、正解の見えない、逡巡と決断の連続かもしれません。しかし「子どもの幸福」を追求してきた創価三代の人間教育も、激動の時代に挑みぬいた激闘によって現在の発展があります。

その意味で、私たち教育者の日々の実践は、〝私の小説『新・人間革命』〟の新たな「人間教育」の章を綴りゆく挑戦である、とも言えるのではないでしょうか。

十年後の創価教育百周年に向けて、共々に歩みを進めていこうではありませんか。

たかはし・つよし

広島県生まれ。創価大学文学部教授。一九七七年、同大学法学部卒業。八〇年、同大学大学院博士前期課程法学研究科修了。同大学アジア研究所、日本語別科を経て現職に至る。専門分野は近世・近代の日中文化交流の研究。大学院在学中に香港中文大学に留学。現在、大学院でも講義を担当している。国際部副部長、通信教育部副部長を歴任。

創価学会教育本部座談会

世界が注目！創価の人間教育

アメリカ、カナダ、スペインの教育者を迎え開催人間の持つ可能性をどこまでも信じ、一人ひとりの個性を輝かせようとする〝創価の人間教育〟。今、その理念と実践に世界中から注目が集まっています。二〇一九年に、富山県で開催された第四十一回「全国人間教育実践報告大会」に参加した海外の教育者四人と、教育本部の代表との語らいを掲載します。

＊アワッド・イブラヒム教授（カナダ・オタワ大学教育学部）
＊アレハンドロ・イボラ所長（スペイン・アルカラ大学「池田大作『教育と発達』共同研究所」）
＊アナ・ベレン・ガルシア・バレラ副所長（スペイン・アルカラ大学「池田大作『教育と発達』共同研究所」）
＊リツコ・リタ研究員（アメリカ・デポール大学　池田大作教育研究所）
＊髙梨　幹哉　創価学会教育本部長
＊近藤　茂代　女性教育者委員長
＊斎藤　実　人間教育実践記録センター部長

「教育実践記録」に広がる世界からの共感の輪

高梨　第四十一回「全国人間教育実践報告大会」に、はるばる海外からご臨席を賜り、誠にありがとうございました。富山の教育部をはじめ、参加した全教育部員が、創価教育への共感の輪が世界中で広がっていることを知り、大変に感動していました。初めに実践報告を聞かれて、どのような感想を抱かれたでしょうか。

高梨 創価学会教育本部長

リタ　私は現在、アメリカに住んでいますが、実は出身地が富山でして、その意味では故郷で人間教育の実践報告に接することができて大変にうれしく思っています。また、創価の教育思想に世界が高い関心を寄せていることを故郷の方々をはじめ、参加されていた多くの来賓の方々にも実感していただく機会になったの

リタ研究員

ではないでしょうか。

特に教育実践記録を文字で読むのとは違い、実際にご本人の声で発表されていたことに、より大きな感動を覚えました。

私は池田大作ＳＧＩ（創価学会インタナショナル）会長の教育思想の研究に携わる者として、かねて教育部の方々が人間教育の哲学を通して、どのように自身を変革し、教育の現場で実践されているのか、また、どのような行動の変化があったのか、ということに関心を抱いてきました。今回、実際に実践報告の発表を伺い、そのことについての理解が深まったとともに、教育部の皆さんが確固たる信念を持って教育実践をされていることがよくわかりました。

髙梨　実践記録を綴った本人が自らの声で体験を語ることでしか伝わらないものがあるのだと思います。だからこそ教育の現場で実践してきたことを「記録する」とともに、「発表する」場をつくってきたのです。また、発表者の思いと聞く側の思いが一体となるような雰囲気に包まれていることも、実践報告大会の一つの特徴です。

イブラヒム　私は創価教育の理念をずっと研究してきましたので、今回、実践報告大会に参加することができて「夢が叶った」というのが率直な感想です。また、実践報告の素晴らしさはもちろんですが、大会の運営においてもすべてが完璧で、本当に素晴らしかったです。

その上で、私から二つリクエストがあります。一つは、今後もし可能であれば、教員だけでなく生徒の代表にも参加してもらうというのはいかがでしょうか。私自身、高校の教師をしていた経験があるのですが、教員のこのような実践報告を生徒が直接聞くことは、大きな意味を持つと思うのです。

イブラヒム教授

近藤　貴重なご意見をありがとうございます。最近の実践記録では学校教育に携わる教師の方だけでなく、社会教育に従事する方の実践報告も増えています。また、ある地域では子育てに奮闘されているお母さんが、自らの子育ての実践を報告するケースもあります。子どもとの関わりを通して、悩みながら、自分も成長していく日々を、赤裸々に発表する姿に大きな感動が広がっています。その意味では、人間教育の視点からもさまざまな立場の人に聞いてもらうことは、とても意義があることだと思います。

イブラヒム　もう一つのリクエストは、実践報告の内容は創価教育を研究する上で非常に貴重なケーススタディになります。また、より多くの人に知ってもらうためにも、実践報告をオンライン上で参照できたり、あるいはビデオアーカイブとして残したりする取り組みがあればうれしく思います。

斎藤　これまでも多くの方々に実践報告の内容に触れていただけるよう、子育て・教育応援誌『灯台』(第三文明社)誌上で、五十回以上にわたり代表事例を紹介してきました。また、二〇二〇年『創価教育学体系』発刊九十周年の佳節に、実践報告の書籍化や英訳などの取り組みも考えているところです。

イボラ　現実の教育現場には複雑な状況のケースもあります。しかし、そのなかにあって教育部の皆さんは、根気強く多くの努力を積み重ねてこられました。実践報告大会では、そこにあるストーリーが、写真なども用いながらわかりやすく伝えられ、教育部の方々の「伝える力」が非常によく表れていたと思います。そしてそのストーリーはどれも大変に意義深く、今後、私たちが学生に語る際にも大きなインスピレーションを与えてくれました。「人間主義を中心とした教育が、ここにある」と実感した大会でした。

ガルシア・バレラ　実践報告大会で発表された事例には、一つの共通点があると感じました。それは「教師によるエンパワーメント（自信を与え、本来持つ力を開花させること）」です。

教育部の方々は、生徒にいかに知識を伝達するのかを考えるだけでなく、生徒の状況や感情を理解しようと努力し、そして生徒のさまざまな力を引き出し、それを伸ばして発達させようとされています。さらに子どもたちが自由に多彩な夢を描き、実現できるよう、尽力されています。また、そのような生徒との関わりのプロセスを通じて、大人自身もエンパワーメントされています。

ガルシア・バレラ副所長

このことは大学教育に携わる私に多くの学びをもたらしてくれました。スペインでも今、「人間教育」が着目されていますが、それを実践することはなかなか難しいというのが実状です。まずは私たち教育者が行動を起こしていくことが大切だと感じます。

可能性を引き出す「五つの関わり」

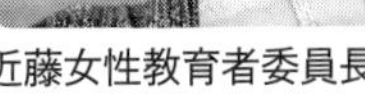

近藤女性教育者委員長

近藤　子どもたちへのエンパワーメントについて、ご紹介したいキーワードがあります。二〇一〇年十月に『創価教育学体系』発刊八十周年を記念するシンポジウムが神奈川で開催されました。そこで発表された分析結果は大変に興味深いものでした。それは、三千事例にも及ぶ教育実践記録を分析し、頻出（ひんしゅつ）するキーワードを抽出したものです。そこには、教師に望まれる子どもへの「五つの関わり」が示されていました。①「信じぬく」②「ありのまま受け容れる」③「励まし続ける」④「どこまでも支える」⑤「心をつなぐ」の五つです。

池田大作先生は、この分析結果について、「教師のみならず、人材を育成する上で、心すべき『関わり』『結びつき』の指標といってよいでしょう」と綴ってくださっています。

髙梨　問題行動と思われてしまう行為を繰り返す子どもの背景には、必ず何か意味があります。その時に、子どもたちに「こうあるべき」というあり方を押しつけるのではなく、まずありのままの姿を受け容れ、そして信じ、励ましていきながら心の声に耳を傾けていく。その姿勢がどの教育実践にも共通していたエンパワーメントの方程式です。

近藤　信じても裏切られることがあるかもしれません。でも「信じる」だけでなく、「信じぬく」ことが大切です。ある青年教育者の実践報告のタイトルは「百回裏切られても百一回目を信じよう」でした。たとえどんなに裏切られたとしても、「信じぬく」ことを根底に、その子を励まし続け、具体的に支えていく。それによって、信頼関係が芽生え、初めて心と心がつながります。そして心が通じ合った時に、子どもは必ず変わるのです。教育実践報告のなかには、この五点を胸に奮闘した教育部の皆さんのドラマが、無数に存在しています。

池田先生の行動を模範に創価教育を実践

斎藤
人間教育実践記録センター部長

斎藤　この「五つの関わり」は言葉としては理解できても、実際に実践することは簡単なことではありません。しかし、教育部一人ひとりには、〝人間主義の教師〟である池田先生というモデルがあります。池田先生が「どこまでも一人を信じぬき、徹して一人を大切にする」との行動を示してくださるからこそ、それを鑑として〝自分も教師として子どもたちを信じ、励ましていこう〟と自らを奮い立たせていくことができます。そして、困難な状況に直面した時には、〝池田先生だったらこんな時、どうされるだろう〟と常に心のなかで対話をしながら、困難な状況を切り拓いていくのです。

高梨　理論や観念ではなく、自分の生き方のなかで池田先生の教育思想を体現していこうと努力する——そこに「創価の人間教育」の力の源泉があります。これを普遍的な理論として言葉にしようとすると、なかなか伝わりにくい側面があるのも事実です。だからこそ、教育実践記録という一人ひとりの物語を通して、その本質を伝えていくことが大切だと考えています。

イブラヒム　その意味では、創価教育を実践されているお一人お一人からお話を伺うことが大切ですね。私は、二〇一八年十月に関西創価学園（大阪・交野市）と創価大学（東京・八王子市）をそれぞれ訪問し、「生徒・学校（教育機関）・教師」のトライアングルを見るなかで、創価教育を包括的に捉えることができました。また今回、創価教育の特徴として皆さんが実践されている「五つの関わり」を知ることができ、さら

イボラ所長

に創価教育への理解が深まった思いです。
ある研究に、「単に知識や情報だけが人の心に残るのではない、その情報に関連づけられた思いや感情、そして物語があるから人の記憶から薄れないのだ」とあります。まさに、皆さんが実践されていることこそが、子どもたちに最も深い感動を与えていけるものなのだと思います。

ガルシア・バレラ　二〇一九年六月に、アルカラ大学に、「池田大作『教育と発達』共同研究所」が開所しました。そこを起点として現在、教育者や学生の間で池田会長への関心が高まり、会長の書籍を読みたいという声も多く聞かれるようになっています。わが大学だけでなく、スペイン全体に創価教育が広がれば、どれだけ教育界が良くなるのかと期待を抱いております。

イボラ　子どもの可能性を開くという点では、内面に目を向けていくわけですが、その時に創価教育のバックボーンにある宗教性や仏教哲学、さらには人間にとって必要な〝祈り〟という行為がどのような意味を持つのか、そのような視点からも創価教育を捉えていくことが重要だと感じました。

リタ　アメリカでは、人種や経済格差の問題を抱えているなかで、教育の現場における先生方の苦労は計り知れないものがあります。そうした社会において、一人ひとりの生命の尊厳を説き、可能性を引き出す「人間教育」が果たす役割は、誠に大きいものであると確信してやみません。

髙梨　皆さんの創価教育への深い理解に心から感謝申し上げます。これからも子どもの幸福を目指す教育の道を共々に歩んでまいりましょう！

人間教育
実践報告

01	兵庫県	幼稚園教諭	石野 映子 さん
02	静岡県	保育士・幼稚園教諭	鈴木 咲喜 さん
03	東京都	小学校教諭	上田 隆司 さん
04	愛知県	小学校教諭	宮川 勇作 さん
05	千葉県	小学校教諭	宮武 恵子 さん
06	福岡県	美術館館長／ 元中学校教諭	弥永 隆広 さん
07	鹿児島県	中学校教諭	中原 義秀 さん
08	神奈川県	中学校教諭	増山 光一 さん
09	北海道	高等学校教諭	宮本 恭子 さん
10	埼玉県	高等学校校長	西宮 俊明 さん
11	徳島県	特別支援学校教諭	清久 幸恵 さん
12	北海道	特別支援学校校長	播磨 正一 さん
13	青森県	中学校教諭 特別支援学級担当	本道 利枝子 さん
14	宮城県	特別支援学校 栄養教諭	本橋 由江 さん
15	広島県	けん玉専門店オーナー	砂原 宏幸 さん
16	東京都	プロ家庭教師／ プロスポーツ家庭教師	中里 裕治 さん

人間教育実践報告 01

兵庫県　幼稚園教諭
石野(いしの) 映子(えいこ)さん

信じているよ。大丈夫！大丈夫！

卒園生が中学校で不登校であることを聞いた石野映子さん。
幼稚園に招(まね)き入れ、温かく見守るなかで、
卒園生は大きく変わっていきました。
子どもを受け止め、信じぬく大切さを教えてくれる
感動的な実践報告です。

信じているよ。大丈夫！大丈夫！

ポツンとやって来た十四歳の「登園生」

ある朝、園児が泣いて登園してきました。私はすぐに声をかけます。「頑張って幼稚園に来てえらいね。泣いてもいいんだよ。寂しくなったら、先生が抱っこしたり、お手てをつないだりしてあげるから。心配しなくても大丈夫だよ。大丈夫、大丈夫」

私は、卒園児のお母さんたちから、「石野先生の『大丈夫だよ』という言葉に、何度も助けられました」とよく言われます。

ある日のこと、中学二年生になっていた卒園生のA君が、五月から学校にまったく行けず、悩んでいることを、お母さんからお聞きしました。〃少しでも気分転換になれば……〃とA君に連絡したところ、ポツンと一人で幼稚園にやって来たのです。「A君、よく頑張ってお家から出て、幼稚園に来られたね、すごいやん！」と声をかけましたが、笑顔がなく、反応も少ない彼の姿にびっくり。かわいそうで仕方なくなりました。そして、〃A君を助けたい！〃との気持ちが、心の底から湧き上がってきたのです。

園長先生も「A君は大切な卒園生だから、いつでも幼稚園に来ていいのよ!」と、声をかけてくださいました。すると彼は、うつむきながらも、少しうれしそうな表情を浮かべ、次の日から幼稚園に来ることになったのです。きっと来てもいい場所ができて、うれしかったのだと思います。

そっと寄り添い、心を開くのを待つ

ただ、これまで家では一日中、ゲームばかりをしていて、昼夜逆転の生活を送っていましたから、朝起きられず、十時頃にようやく姿を見せるといった様子でした。

幼稚園では、職員室の私の横の席に座らせました。「ここなら他の人と会うことは少ないからね。大丈夫だよ」。A君はうんと頷き、所在なげに座っています。「A君は、絵が好きだったよね。何か描いてみる?」と白い紙と色鉛筆を渡してみました。「何を描いてもいいんだよ」と、私は笑顔で励ましました。ゲームの世界にいたからでしょうか。やっと描き始めた絵は、拳銃を持っていたり、血を流していたり、腕を折った人など、ぞっとするような絵でした。

私が、「ここは幼稚園だからね。小さい子どもたちが喜ぶようなかわいい絵を描いてあげて」と言うと、「そんなん描けないもん」と言うA君。「それじゃあ、面白い絵を描いてみて。先生が名前をつけてあげるから」。A君は私がとんでもない名前をつけていくことを喜んで、キャラクターのような絵を描き始めました。

A君は、次の日も姿を見せて、私のそばから離れようとしません。私は、中学生になっても幼稚園にいた頃と変わらない彼が、かわいくてたまりませんでした。彼がやってみたいと思うことは、「大丈夫、やってごらん」と好きにやらせました。

A君は、そのうちにいろいろな話もするようになりました。お父さん・お母さんのこと、きょうだいのこと、友達のこと……など。同級生とは学校に行けなくなってからも、時々遊んでいるようでした。〝友達もいるのなら学校に行ったらいいのに……〟と言いたくなる気持ちもありましたが、そこはグッと堪えて、ただ彼の話したいことを聞いていました。

表情が日に日に明るくなり、一学期が終わる頃には、一日も休まず幼稚園に来ることができました。夏休みに入ってお母さんとお会いした時に、「本当にありがとうございます」と感謝していただき、「二学期から学校に行けるといいですね」とお話ししました。

仮住まいから「居場所」へ園での職業訓練

二学期に入っても、A君は中学校へ登校できませんでした。そして、また幼稚園へ通ってきました。

〝このまま幼稚園に登園させていいのだろうか……〟。私はだんだんと不安になり、中学校へ相談に出向きました。担任の先生のお話では、「家庭訪問しても本人が嫌がって会えないので、彼が毎日どんなふうに過ごしているか、詳しいことがわかりません。また、このままでは高校進学も難しくなり、大変に心配です」とのことでした。私は、高校進学が難しいという話にびっくりしました。そして、〝かわいがってばかりではいけない。彼が自立して自分の足で歩み出せるようにしなくてはならない。真剣に進路も考えさせていかなくては……〟と決意したのです。

兵庫県では、中学二年生に「トライやる・ウイーク」という約一週間の職業体験を実施しています。教育施設や飲食店、スーパーなど、多種多様な職種のなかから自分の選んだ職種の体験ができるのです。その間、学校には登校しません。今年もちょうど、その時期になっていました。

「A君は中学二年生だから、他の子たちより一カ月早いけど、『トライやる』の職業体験として幼稚園に来てもらうことにするよ。だから、しっかりお手伝いして頑張ってね」と伝えました。

すると、状況はみるみるうちに変化していったのです。彼は何と、私より早い七時十五分には園に来て、庭掃除などを積極的にするようになりました。「ありがとうございます」などの挨拶も自然と口から出るようになり、園児にも大人気です。A君は、本当は優しくて子どもが大好きだったんです。

今までは、あくまでも仮住まいでしかなかった幼稚園が、職業体験のできる「居場所」となりました。〝ここに居ていいんだ〟という安心感が、彼の行動を大きく変えていったのです。

勇気を出して一人で中学校へ

私は保育の合間を縫(ぬ)って、一緒に勉強も始めました。初めは三十分も集中できない状態でしたが、次第に勉強する時間も長くなり、気づけば、一人でも三時間は勉強できるようになりました。

そして、自信がついた十月中旬、私がついていくことを条件に、中間テストを受けに中学校へ登校することができたのです。彼の試験中に、私はスクールカウンセラーの先生に、園での彼の様子を伝え、今後のことを相談しました。

カウンセラーの先生からは、「今の彼にとって、働く喜びを感じられる環境にいることは、大変に幸せなことです。そのうえ、ここまで先生と信頼関係ができているんですから、学校に行くよう、積極的に促(うなが)してください」と言われました。

翌日の朝、中学校の校門まで見送ると、A君が「今日は一人で行ってみる」と言い出し、一人でテストを受けることができたのです。これを〝チャンス！〟と捉えた私は、園長先生と私とA君との三人で、これからのことを真剣に話し合う時間を設けました。

この四カ月でA君がずいぶん成長したこと、勉強を始めて、テストを受けに中学校にも行けたことなどを、感慨深く話し合っているうちに、突然、A君が「先生！俺、行ける。頑張れる！」と言ってくれたのです。その瞬間、三人で手を取り合って、A君の決心を喜びました。

涙と笑顔で迎えた二回目の〝卒園式〟

その週末、A君の二回目の卒園式を全職員で行いました。園長先生がお赤飯を炊いてくださり、私たちは内緒でメッセージカードをつくりました。

彼もまた、私たちにお礼のカードをつくってくれていました。そこには感謝の気持ちと、先生たちの似顔絵が描かれていたのです。その絵のかわいいこと……。先生たちの顔がみな、お団子のようにまん丸笑顔だったのです。ぞっとするような絵ばかり描いていたA君が、こんなにかわいい絵が描けるようになるなんて……。胸がいっぱいになりました。「大きくなったね……」。私は、ぽろぽろ泣いてしまいました。すると、A君もぽろぽろと泣き出し、二人で、言葉なく泣き続けました。そして、A君は中学校生活へと戻ることができたのです。

その後、A君は幼稚園の先生になることを目標に高校へ進学。高校では、何とピアノも習い始めました。そして保育士の専門学校に入学し、幼稚園教諭免許と保育士資格を無事に取得。二〇一七年の春、認定こども園への就職も勝ち取ることができたのです。

「就職おめでとう！　よく頑張ったね」と彼にメールを送りました。A君からは、「ありがとうございます。僕も先生のような、忘れられない先生になれるように頑張ります！」と返事がありました。

池田大作先生は著書のなかで、次のように述べられています。

「どんな子であれ、その人にしか果たせない使命がある。誰しも、何かの才能の芽をもっている。

その芽を伸ばすための最高の養分は、信じてあげることです。

人によって、早く芽吹く人もいれば、時間がたってから、急に伸びだす人もいる。

しかし、いつかは必ず才能の芽が伸びることを信じて、温かく見守り、根気強く励ましを重ねていくことです」※

私はA君との関わりを通して、子どもたちがどんな状況になったとしても、周囲の大人が「大丈夫だよ、一緒に乗り越えよう」と受け止めることの大切さを学びました。

これからも、子どもの幸福を祈り、その子にしかない使命を信じて、励まし続ける教育者として頑張ってまいります。

※『女性に贈ることば365日』（海竜社）、一四〇ページ

人間教育実践報告
02

静岡県　保育士・幼稚園教諭
鈴木(すずき)咲喜(さき)さん

目の前の一人に精いっぱいの愛情をかける

保育士として、個別に支援が必要な子が多いクラスの担任になった鈴木咲喜さん。
具体的な実践や周囲の協力、
なかでも保護者との連携・協力で事態を打開した実践報告を紹介します。

日々悩むなかで気がついたこと

私が保育士になり、ある年に担任を務めた年長児クラスは、意欲的に活動に参加できない子、知的障害で友達や保育士に手が出やすい子、ロッカーや机の上に飛び乗って遊ぶ子、自分の思いが通らないと部屋を飛び出す子などがおり、一人では対応し切れない状況でした。

これまでも担任したクラスのなかに気になる子は何人かいましたが、それをはるかに上回る子どもたちの姿に圧倒されてしまいました。

担任になり、日々悩みながら子どもたちと関わるなかで気づいたことがありました。それは、「自分のことを見てほしい」という思いが、気になる行動に表れているということです。特に、A君やBちゃん、C君にはその思いが強く、自分の思いをすべて発散できないもどかしさを、園で爆発させていました。

クラスのなかでの彼らは、全体で話を聞く時や集団遊びの時に、奇声を発したり、友達の邪魔に入ったりすることが多く、やっとの思いで他の子どもたちの意識を私に向けても、彼らの行動につられて集中が途切れ、活動が進んでいかないという状況でした。

保護者と約十カ月間、連絡ノートのやり取りを

園だけでの対応では彼らは変われない、何とかして保護者と連携を取っていきたいと思っていた頃に、彼らのお母さんと個別に話をする機会を持つことができました。そして、園と家庭で連携して取り組んでいきたいことを丁寧（ていねい）に伝えていきました。

お母さんたちも、〝わが子の成長のためなら〟と、私からの提案を引き受けてくれました。そしてその日から約十カ月間、お母さんたちと私との、連絡ノートのやり取りが始まりました。

毎日の連絡ノートに私は、それぞれの子が保育園の生活のなかで頑張ったこと、素敵だった姿を記（しる）していきました。

お母さんたちはそれを読んで子どもたちをほめてくださり、連絡ノートにも、ほめ

られた時の返事や表情を、文字だけではなく、かわいいイラストを交(まじ)えて書いたりしてくれたのです。

このように、担任だけではなく、保護者にも頑張っている姿をほめてもらうことで、皆が、〝僕って、私ってすごいでしょ！〟と思えるようにすることがこの連絡ノートのねらいでした。

三つの具体的な支援方法を実践

しかし、すべてが順調にいったわけではありません。そこで私は、クラスのサポートをしてくれる先生とも相談をして、彼ら三人の具体的な支援方法を考えていきました。

一つ目は、彼らが得意なことに自由に取り組める「場所や時間」の確保です。たとえば、A君は工作が得意だったので、彼がつくったり描(か)いたりしたものをほめたり、クラス全体に紹介したりしました。友達にも「A君はすごい！」ということを伝え、彼を認める場を多く持てるようにしたのです。

二つ目は、スキンシップです。ほめる時はなるべく抱きしめながら伝えるようにしました。なかでもBちゃんは、大人とのスキンシップの経験が少なかったために、抱っこしようとしても逃げることが多かったのですが、次第に、抱きしめると体をゆだねてくれるようになっていきました。

そして、トラブルなどが起きた時には、どのように思いを表現すればいいのかを教えるようにしました。特にC君は、自分の思いをうまく言葉にできず、そのモヤモヤが、奇声や友達の邪魔をすることにつながっていました。そのため、「こういう時は悔しいって言えばいいんだよ」などと、気持ちに寄り添いつつ、思いの伝え方を教えていきました。

また、職員会議などで、三人の状況を、他の先生にも共有していただきました。

園全体で保護者をサポート
苦しい期間を乗り越える

連絡ノートを始めて数カ月が経ち、三人に少しずつ変化が見られるようになってきました。登園前の朝、お母さんにスキンシップを求めたり、甘えるようになったりしたのです。自分の思いを素直に母親に表現できるようになっていました。

それぞれのお母さんも、そんな子どもたちを抱きしめ、「保育園楽しんできてね」などと、優しく声をかけるようになっていきました。

連絡ノートには、わが子の行動をどう受け止めるか、どのように声をかけたらいいのか、お母さんたちの率直な悩みが書かれていました。時には園長先生や先輩保育士にも相談し、お母さんたちの悩みに対して真摯に向き合っていきました。

私一人でできることは限られていますが、園全体で支援していこうという態勢が持てたこと、発達支援センター等の多方面からの援助もあったことが、約十カ月という長い期間の丁寧な支援につながっていったと思います。

「愛情のシャワー」をかけ続ける

連絡ノートを始めて、私が三人の姿で一番成長したなと感じたところは、自分の思いを、言葉で伝えられるようになったことです。以前は嫌なことがあると行動に出てしまいましたが、だんだんと、泣いて怒りながらも「○○が嫌だった」と自分の言葉で言えるようになったのです。それと同時に、奇声をあげたり、ロッカーの上に乗ったりすることも減っていきました。

また、お母さんたちも、「そのままでいいんだよ」「どんな姿でもお母さんやお父さんはあなたの味方だよ」という、肯定（こうてい）的な声かけが増えていきました。

私は、一回だけでは心に届いていかない言葉かけも、十回、二十回、三十回と「愛情のシャワー」のようにかけ続けていけば、必ず相手の心に届いていくのだということを、学ぶことができました。

課題を克服
大感動の卒園式

いよいよ卒園式が近づいてきた頃、新たな課題が出てきました。卒園式では、園児のお別れの言葉や、卒園証書の授与がありますが、彼らは長時間、集中することが難しく、練習の時に寝転んだり、ふざけたりしてしまっていたのです。

〝本番では、皆に彼らの成長した姿を見てほしい〟との思いから、練習では、三人の集中が切れないよう、時間を細かく分けたり、遊びのなかで卒園証書の受け渡し方を知らせたりしていきました。

お母さんたちに対しても、連絡ノートや送り迎えの時間を通して、不安な思いを受け止めた上で、「子どもたちを信じて、見守ってほしい」ということを伝えていきました。

迎えた卒園式。彼らは皆が注目しているなか、恥ずかしがりながらも笑顔で卒園証書を受け取り、それぞれが言うセリフも、三人全員が元気に発表することができました。

やり切った表情を見せる彼らの姿に大感動した私は、涙を堪(こら)えることができませんでした。彼ら自身の頑張りと、皆でかけてきた「愛情のシャワー」によって、大きな花が咲いたように感じました。

子どもたちは未来の宝
徹して一人を大切に

池田大作先生は、指針集『わが教育者に贈る』のなかで、私たち青年教育者に、次のように励ましの言葉を贈ってくださっています。

「いかなる道であれ、最初から名人、達人と言われる人などおりません。皆さんは若いのです。失敗を恐れず、明るくたくましく、前へ前へ進んでいけばよいのです」※

A君、Bちゃん、C君の三人のクラスを担任していた時のことを振り返ってみると、もっとやれることはあったのではないか、とも思います。しかし、目の前の子どもたちに精いっぱいの愛情で関わり続けることはできました。

こういった関わりを続けていけば、必ず自分の成長にもつながると信じています。

これからも、子どもたち一人ひとりが未来の宝物であること、徹して一人を大切にすることを忘れず、教育の現場で頑張っていきます。

※『池田名誉会長の指針　わが教育者に贈る』（聖教新聞社）、一二三ページ

人間教育実践報告
03

東京都　小学校教諭
上田（うえだ）隆司（たかし）さん

信じぬき関わり続ける教師目指して

東京都で小学校の教諭を務（つと）める上田隆司さん。
不登校の児童と関わり続け、
共に卒業式を迎えることができた実践報告を紹介します。

不登校の児童がいるクラスの担任に

数年前、六年生の担任になった時のことです。クラスに不登校のＡさんという女の子がいました。Ａさんのことは、彼女が一年生の頃から知っていました。勉強にも運動にも積極的に取り組む活発な女の子で、誰よりもリーダーシップを発揮している子でした。

しかし、三年生の後半から少しずつ学校に来られなくなり、五年生の時は一日も登校していませんでした。主な原因は、それまですべてにおいてリーダー的存在だった彼女が、次第に周りの子よりも劣（おと）る場面が多くなり、そのことを受け容（い）れられなくなったことでした。また、四年生の頃には、医師からいくつかの障害があるとの診断も受けていました。

担任になった私は、「まずは信頼関係をつくろう」と、毎日夕方に電話で話すことから始めることにしました。ただ、どんな話をすればいいか不安だったため、アニメ好きだという情報をたよりにアニメの勉強をしました。

Aさんに電話をかけると、初めはアニメの話で盛り上がり、興味を持って話してくれましたが、一カ月が経った頃からさすがに話題も尽き、電話しても「何か用ですか?」「今忙しいので無理です」などと言われるようになってしまったのです。家庭訪問も試みましたが、同じように冷たくあしらわれることが続きました。

姿勢を省みるきっかけになった言葉

〝どうすれば彼女は心を開いてくれるのか〟と真剣に悩みました。多くの方々に相談をしましたが、「Aさんは仕方ないよ。今までいろいろやってきたけど、まったくうまくいっていないから」と言われてしまい、これといった手立てもない状況でした。

担任としてなんとか現状を変えようと、お母さんとも何度も話し合いを重ねました。しかしお母さんは、どれだけ働きかけても学校に行こうとしないAさんの様子に、母親としての未来への不安で涙を流す日々でした。

ある日いつものように電話をすると、お母さんが「毎日電話をかけてくるのはやめてください」と言うのです。驚いた私は詳しく事情を聞いてみると、「先生が関われば関わるほど、『お母さんはどっちの味方なの？』と怒鳴(どな)られるのです。もう耐えられません。親子で波を立てたくないのです」と、思いつめた声で話してくれました。私はどう返事してよいかわからず、その場は謝罪をして電話を切りました。

Aさんのためにと思ってやってきたことが、逆にAさんを苦しめているのではないか？――私は不安になりました。同時に〝ここまでやっているのに〟と思う気持ちも出てきました。

そんな時、池田大作先生の著作を読んでいると、次の一文が目に留まったのです。「教師とは、子どもの心に希望の炎をつける人です。子どもの可能性を信じぬく人です。人間の心を動かすのは、人間の心だけなのです」※

私はハッとしました。Aさんを学校に来させることばかりを考えていたのではないか。Aさんの可能性を信じていたのだろうか。もう一度Aさんと真剣に向き合おう、何を言われてもあきらめずに信じぬこうと決意しました。

「彼女を信じてあげたい」お母さんに届いた言葉

翌日、勇気を出してAさんに電話をかけました。するとお母さんが出られ、「もう電話しなくていいと言ったはずですが」と言われました。私はその声の調子に一瞬動揺しましたが、すぐに気を取り直し、「お母さん、どうせ、どうせとあきらめてしまうのではなく、僕はどこまでも彼女を信じてあげたいのです」と伝えました。

それからは、直接、顔を見て彼女の思いを聞こうと決意し、どれだけ仕事が重なり忙しくても、家庭訪問を心がけました。電話では表情がわからず、会話にも限界があるからです。

しかし、初めは「なんで来たの」と言われたり、顔も見せずに部屋の奥から「帰ってと言って」と聞こえてくる日々でした。それでもあきらめず通い続けたある日、その日も断られ帰ろうとすると、お母さんが「実は今日、あの子が『今日は先生来るかなあ』って言っていたのですよ」と笑顔で言ってくれたのです。数日後には、「もしかしたらあの子、学校に行ってくれるかもしれない」とも言ってくれました。お母さんが希望を持ち、そしてAさんを信じてくれるようになったのです。

お母さんの変化に呼応するように、Aさんも次第に心を開いてくれるようになりました。彼女の可能性を信じて家庭訪問を始めてから一カ月が過ぎた七月頃には、Aさんは本音を包み隠さずに伝えてくれるようになりました。

笑顔の後押し ついに教室に入れた！

それから三カ月が経った九月。思い切って「学校に行こう」と誘いました。すると、「行きたくない」との返事。それでももう一度「先生と学校に行こう」と伝えると、少し黙った後、「行きたい」と言ってくれたのです。

しかし、Aさんは一年半近く学校に来ていません。そこでまずは、子どもたちが帰った放課後に、学校で個別学習をすることにしました。また、積み重ねがない状況だったため、二年生の学習から始めていきました。

そうして少しずつ生活リズムも改善し、気持ちも前向きになってきたAさんは、なんと「廊下から授業を見る」と言うのです。これで一日に数時間ずつでしたが、教室から聞こえてくる声を聞きながら一緒に勉強できるまでになりました。

周りの児童にも、四月から折に触れて、「このクラスはAさんも含め三十六人全員がそろわないと本当にいいクラスとは言えないよ。Aさんも一日一日真剣に自分と向き合って頑張っています。一日でも早く帰って来られるように、みんなで協力して頑張っていこう」と言い続けてきました。

そんな日が続いた十月のある日。待ちに待った日がやってきました。Aさんが「教室に入ってみたい」と言ってきたのです。翌朝、Aさんは教室の前まで一人でやってきました。ドアの前で私と目が合いました。私は心のなかで「頑張れ！」と叫びながら、ありったけの笑顔を見せました。するとAさんは深く頷き、勇気を出して教室へ。周りの子どもたちは、騒ぐことなく温かく見守っているのがよくわかりました。騒ぐことで、教室に入りづらくならないように、子どもたちなりに考えた結果だと思います。Ａさんが席の近くに来ると、隣の子がやさしく椅子を引いてあげていました。さらに、何も言わずにそっと教科書を席の中央において見せてあげていました。私は勇気を出して頑張るＡさんの気持ちに応えようとする周りの子どもたちの気遣いが、とてもうれしく思いました。Ａさんのおかげで、周りの子どもたちも成長することができたのです。

このことがきっかけとなり、十月後半には毎週教室に入って数時間ずつ参加できるようになりました。しかし、まだ教室に入ることで精いっぱいで、学年や全校朝会など、大勢の人の前に出ることはできずにいました。

「先生、私のこと本当に考えてくれていたんだね」

そんな折、学習発表会が近くに迫ってきました。私たちの学年は、平和学習で学んだ「広島」をテーマにした劇を上演することになっていました。

〝Ａさんにも自信をつけるために参加してほしい〟と思った私は、なんとか参加できる方法はないかと考えました。すると、以前、電話でAさんが「声優になりたい」と言っていたことを思い出したのです。〝これだ！〟と思った私は、さっそくAさんに「マイクでナレーションのみの参加をしてみないか」と話してみました。少し考えた彼女は、私のほうをじっと見ながら、「先生、私のこと本当に考えてくれていたんだね。私、学習発表会に出たい」と言ってくれたのです。誰も想像していなかった返事に、私はうれしくて泣きそうになってしまいました。

当日までの約一カ月間、何度も練習を重ねました。私とAさんの練習を知った子どもたちは、「私たちもできることをしよう」と一人ひとりがAさんへの励ましの手紙を書き、代表の子が家まで届けてくれました。Aさんは、本番が近づくと、けいれんや不安で眠れないこともあったようですが、みんなからの手紙に勇気をもらい、無事に当日を迎えることができました。

劇はAさんの第一声、「戦争ほど残酷なものはない。戦争ほど悲惨なものはない」で始まり、大成功に終わりました。終わった後のAさんのやりきった笑顔が忘れられません。

その後Aさんは、登校できる回数も増え、卒業式には本当に晴れやかな姿で送り出すことができました。

式が終わり、Aさんは私のところに来るなり、「先生、サンキュー。私と付き合うのは正直疲れたでしょう。私変わっているから。よく辛抱強く頑張りました。まあ、そういうことで」と言って帰っていきました。強がって涙を堪えながら話す姿、何度も何度も私のほうを振り返りながら歩く姿から、Aさんの温かい気持ちがよく伝わってきました。と同時に、本当にうれしくなりました。

私は、Aさんとの出会いを通して、一人の子どもをどこまでも信じぬく心と、あきらめずに関わり続ける教師の姿勢の大切さを学びました。

出会った子どもたちは、私にとって生涯、大切な教え子です。これからも、出会う子どもたちを見守り、励まし、関わり、子どもたちと共に大成長してまいります。

※『池田大作全集』第六十三巻（聖教新聞社）、二八七ページ

人間教育実践報告
04

愛知県　小学校教諭
宮川勇作さん

世界授業——“いいね！”っていいね

南米パラグアイでの海外研修をきっかけに、子どもたちへの国際理解教育を行っている宮川勇作さん。「世界授業」を通して子どもたちが成長していく様子を紹介します。

「未来の大人」と共に世界授業をスタート

私は現在、愛知県内の小学校に勤務しています。愛知県は、外国人児童生徒数が全国で一番多く、多文化共生がどこよりも求められている地域です。そのような地域柄、私は〝世界市民の一人として、未来の主体者である子どもたちと一緒に、「誰も置き去りにしない世界」をつくるためにはどうしていけばよいのかを考えたい〟と強く思っていました。

そんななか、一年生の担任となった二〇一八年の四月。校長から「宮川くん、夏休みに二週間、JICA(国際協力機構)の海外研修に参加してみないか?」とのお話をいただきました。海外旅行すらしたことがなかったので、若干戸惑いましたが、「ぜひお願いします!」と参加することを決意。中部地方での選考にも無事合格し、南米パラグアイへの海外研修に参加することとなりました。

パラグアイでの二週間は、教育現場をはじめ、産業・医療・環境・国際支援など、さまざまな分野を実地で学んでいきました。現地で見るもの聞くものに自身のこれまでの価値観が大きく揺さぶられ、パラグアイで出会った人々の姿に感動するとともに、同じ地球市民として、連帯を広げていくことの必要性を強く感じました。

帰国後、新学期が始まるまで、自分が受け持つ小学一年生の子どもたちにどのように国際理解教育を進めていけばよいか、悩む日々が続きました。

そのような時、日本とロシアの友好の歴史について言及された池田大作先生の次の言葉に出合いました。

「これからの地球一体化時代においては、日露の友情のドラマのごとく、苦楽をともにする『人間と人間のつき合い』こそが基本であるということである。

世界は多様である。文化も違う。価値観も、暮らしも違う。決して、単純に『世界は一つ』ではない。その多様性を尊重しながら、ともに栄えていくには何が必要か。

それは、唯一最大の共通点である『人間』という一点を、拡大していく以外にない」※

〝一年生の子どもたちに、そのようなことを理解してもらえるだろうか?〟と悩みましたが、〝まずは、子どもたちを信じ、私自身が感じたことや知ったことを、率直に伝えていこう！〟、そして、〝この子たちを、「一年生の子ども」と見るのではなく、「一人ひとりが立派な人格を持った未来の大人」、すなわち将来、共に課題と向き合うパートナーと見よう！〟と決めました。

こうして九月、「世界授業――〝いいね！〟っていいね」の取り組みをスタートさせました。

「いいね！」を合言葉に参加型の授業を目指す

この授業では、大きく二つのルールを設けました。一つは、「徹底的に参加型にこだわること」です。教師からの一方的な指導ではなく、子どもたちが主体的に、対話形式で学ぶことを第一義に、どの授業でも子どもたちが話し合う時間や考える時間を設け、子どもたちなりの課題解決を目指すことをねらいとしました。

もう一つは、「友達の意見を肯定的に受け止めること」です。どんな意見も、どんな考えも「いいね！」を合言葉に、違いを認め合い、みんなで「たし算」していくこと感じさせたいと思いました。
とで、〝まだ小さな自分たちにもできることがある〟と感じさせたいと思いました。

こうして始まった第一回の世界授業。新学期開始と同時に、私自身のパラグアイからの帰国報告を行いました。現地で撮影した写真や動画を使い、建物や風景、同じように学校に通う子どもたちの様子が映し出されます。

子どもたちからは、「僕たちと同じで学校が楽しそう!」「真面目に勉強しているね」などの声が。やがて、ドレスを着て踊る現地の子どもの姿や日本の算数セットを使って授業をしている様子、さらに中庭でおやつを食べながら談笑している写真が映されると、「あれ、算数セットって書いてあるよ!」「学校でおやつが食べられるなんて最高!」などと子どもらしい歓声があがりました。

しかし、カテウラというゴミ山の地区が映し出され、そこに暮らす同じ六歳の子が学校に行けず、毎日朝から晩まで仕事をしているという話をすると、教室中は静まり返り、真剣な眼差しへと変わっていきました。

みんな誰かに支えられ生きている

第二回の授業では、自分たちの日常生活にスポットを当て、振り返ってみることにしました。朝起きてから夜寝るまで、一日のなかで自分が行うことを付箋に書いてもらいます。

「朝ごはんを食べる」「歯磨きをする」「学校に行く」「習い事に行く」「弟とけんかする」など、子どもたちは思い思いに書いていきます。その後、記入した付箋を「一人でできること」「一人ではできないこと」に分類。初めは、全体の七割ぐらいが「一人でできること」のほうに貼られていました。

すると、ある男子が「ん〜、こんなにも一人でできることって多いかなぁ。これも一人でできることじゃない気がする」と発言。これをきっかけに、付箋とにらめっこしながら、一人また一人と「一人ではできないこと」に貼り替える児童が増えていきました。

第三回では、第二回の授業を受け、「『一人ではできないこと』は一体、誰に支えてもらっているのだろう?」という課題を設定し、普段、自分を支えてくれている人やものを書き出し、それに対してメッセージを作成するというアクティビティを行いました。

「ごはんを食べられるのは家族が料理をつくってくれるから」「でも、それはお家の人が働いてくれるから」「学校に来る時、旗当番のおばさんにお世話になっている」など、子どもたちは、身近にいる人への「気づき」から、やがて、その視点は世界へと広がっていきました。

ある児童からは、「外国から来たものを食べていると聞いたよ」「外国の人たちにも助けてもらっているのかも」という答えが返ってきたのです。

第四回では、第三回で出された子どもたちの声をもとに、「食べるものはどこから来ているのだろう」をテーマに掲げ、「私たちをつくる食べもの」と題し、授業を行いました。

「天ぷらうどんのなかに、世界中から来た食べものがあるらしい」という話題から、日本の食料自給率や食品の大量廃棄問題、さらには飢餓(きが)に苦しむ人々に触れ、私たちにできることを考えました。

児童からは「食べものを捨てている国があるのに、食べられなくて死んでしまう子たちがいるなんてかわいそう」「なんとかしてあげたい」という切実な声があがりました。やがて、「これからは苦手なものも頑張って食べよう」「僕たちの食べものも、苦しんでいる人たちに分けてあげたい」など、真剣に話す姿がとても印象的でした。

認め合い、学び合うクラスへと成長

そんな子どもたちのなかに、Aちゃんがいました。Aちゃんは、お母さんが頭を悩ますほどの偏食。毎日給食の時間になると、減らしたり、残したりを繰り返していました。ところが、この授業をきっかけに食べ残すことがぱたりとなくなったのです。毎日完食しては私のもとまで来て、「先生、見て!」と空になった食器を自慢げに見せてくれました。「どうして全部食べられるようになったの?」と聞くと、「世界授業の時、食べものを捨てるのはもったいないって思ったから」と。世界授業をきっかけに、幼稚園時代から悩んでいたことが解決したのでした。

第五回では、「学校に行けない子どもたち」をテーマに、教育を受けられないと、どうなってしまうのか、なぜ学校に行けない子どもたちがいるのかについて考えました。「自分で働かなければ生きていけない」「きょうだいの面倒を見なければいけない」「教えてくれる先生がいない」「お金がない」「親が学校に行かせようとしない」など、世界にはそういう子どもたちがたくさんいることを伝えました。そして、「世界中の子どもたちが、みんな学校に行ける世の中をつくろう」とのテーマで、グループごとに話し合い、模造紙にそれぞれの意見を書き出し、クラス全体に発表しました。

「日本の先生も世界へ行く」「大人の人たちが子どもに勉強を教える」「きょうだいの面倒は僕が代わりに見てあげる」「お金を分けてあげる」「みんなで協力して働けば子どもたちは学校へ行けると思う」など、一年生なりの強い思いを書き綴って(つづ)いました。

世界授業の実践を通して、小学校一年生とはいえ、そこには確かな一つの人格があり、「よりよく生きよう」「自分にできることは何か」を真剣に考えようとする姿がありました。

この実践で、私が一番驚いたことは、年度当初、自分の意見を通したいばかりに友達の意見を否定したり、言い争いを起こしたりしていた子どもたちが、学校生活のあらゆる場面で「いいね!」を発しながら、互いに認め合い、共に学び合う姿に変わっていったことです。

これからの世界を創造していくのは、紛(まぎ)れもなく、今私たちの目の前にいる子どもたちです。誰も置き去りにしない人間共和の世界を築くため、世界市民の教育の担い手となり、これからも子どもたちと共に成長していく決意です。

※『池田大作全集』第八十七巻(聖教新聞社)、二七五ページ

人間教育実践報告 05

千葉県 小学校教諭
宮武(みやたけ) 恵子(けいこ)さん

ゆうちゃんの色 きれいだね！

クラスで絵画(かいが)展への挑戦を行った宮武恵子さん。問題行動の多いある児童が描(か)いた絵は、美しい心が表れた鮮(あざ)やかな色彩の一枚でした。子どもたちの成長を信じ続ける宮武さんの実践報告を紹介します。

担任として出会ったゆうちゃん

私がゆうちゃん（仮名）と出会ったのは、二〇一〇年、ゆうちゃんが二年生の時でした。

ゆうちゃんは、「目のつり上がった無表情な男の子」という印象でした。ポケットに、仕返しに使う石をたくさん詰め込み、棒を振り回したり、友達を池に突き飛ばしたりするため、いつも職員室で教頭先生と過ごしていました。また、気に入らないことがあると、いきなり学校を抜け出して家に帰ってしまうため、職員が全速力で追いかける姿も何度も見てきていました。

私はその様子を見ながら、〃大変そう。来年は、誰が担任になるのだろう〃と他人事のように考えていました。しかし翌年、なんと私が、ゆうちゃんの担任となったのです。

担任になって初めて、〃えっ、女の子だったの？〃とびっくりしました。男の子の格好をして、乱暴な行動をしているのは、後でわかったことですが、思っていた以上に彼女がつらい思いをしていたからでした。

学校の無事故を必死に祈る日々

担任するにあたり、ゆうちゃんが勝手に学校から抜け出さないよう、私のクラスは昇降口から離れた二階の一番奥の教室になりました。また、暴力を振るわれてきた子どもたちは、極力、ゆうちゃんと出会わないよう、一階のクラスに振り分けられました。

ゆうちゃんは、痛いことがあったり、以前に嫌なことをされた記憶が蘇ると、容赦なく友達の髪の毛をつかんだり、噛みついたりします。「どうして、こんなに残酷なのだろう。今日はどうか、けが人が出ませんように」と、私は日々、学校の無事故を祈り続けました。

そんなある日、「先生、ゆうちゃんが!!」と子どもの叫び声が廊下に響きました。急いで廊下に行くと、ある児童が鼻血を出して泣いています。ゆうちゃんにほうきの柄で殴られたのです。ゆうちゃん自身も返り血を浴びて、顔や服が真っ赤です。

私はあまりの状況に動揺しましたが、まずは殴られた子どもの応急処置をし、「ゆうちゃん、どうしたの？」と声をかけました。

すると、恐ろしい形相でその子をにらみつけ、指をさしながら、「ほうきで床をはいていたら、コイツがオレの足を踏んだんだ。だから仕返ししてやった！」と言うのです。

私はけがをした児童の対処を終えると、立ちつくしている彼女の肩をさすり、手をにぎり語りかけました。「ゆうちゃん、クラスのみんなのために廊下をきれいにしてくれて、本当にありがとうね。先生は、なんて頑張りやさんなんだろうと思ったよ。ゆうちゃん痛かったんだよね。足、大丈夫？」。私は、踏まれたゆうちゃんの足をさすりました。「けんちゃん、あんなに泣いていたね。どうしてだと思う？」と言うと、穏やかな優しい眼になって言いました。「痛かったんだと思う」と。私は「そうだね。きっと痛かったね。ゆうちゃん、どうする？」と尋ねました。すると、「オレ、謝る」と言うではありませんか。自分の行動の誤りに気づき、自ら進んで謝ることができたのです。

それからは、ゆうちゃんが暴力的になった時は、私はいつも、ゆうちゃんと手をつないでクールダウンに出かけ、彼女の感情を落ち着かせようと、歩きながらほっぺを触ったり、肩や背中を撫(な)でたり、膝の上にだっこしたりして、スキンシップをはかるように心がけました。

〝私をかわいがって〟との心の叫びに寄り添う

六月の終わり頃、お母さんに「ゆうちゃん、最近すっかり落ち着きましたね」と伝えると、「先生、甘いですよ！　あの子が荒れるのは、これからですから！」と笑い飛ばすように言われました。

私はその時、〝そうか、ゆうちゃんはお母さんにかわいがられたいんだ〟と気づき、〝お母さんに自分のほうを向いてほしい〟との、心の叫びが聞こえてくるようでした。

ゆうちゃんは、お母さんにかわいがられている弟を見て、〝自分が男の子になったら、弟のようにかわいがられるかもしれない〟と思っているのです。ですからゆうちゃんは、いつも男の子のような格好をしています。

ゆうちゃんの切ない思いを知った時、私は「ゆうちゃんは、ゆうちゃんのままでいいんだよ。大好きだよ。生まれてきたことが、すごいことなんだよ」との思いを伝え、健気（けなげ）に一生懸命に生きるゆうちゃんを心から愛し、大切に関わっていこうと決意しました。そしてまた、お母さんにもゆうちゃんならではの良さをたくさん伝えていこうと決心しました。

すべての子どもに受賞の喜びを！

私はこれまで、どの学年の担任をしても、毎年、挑戦してきたことが三つあります。一つ目は、心を耕（たがや）す百冊の読書。二つ目は、子どもの成長を伝える学級通信の発行。そして三つ目は、必ず全員に受賞の喜びを味わわせることです。

具体的には、スポーツや絵画、習字や俳句などで、国や県、また市や学校が主催するコンクールなどで、何かしらの賞を獲得できるように取り組んできました。〝自分もやればできる〟〝努力すれば、素晴らしい力を発揮できる〟という実感を、子どもたちにつかんでほしいと考えたからです。なかでも、千葉日報社が主催する「絵画こども県展」には、これまで全力で挑戦してきました。

私は、絵画指導に取り組む際には、必ず美術館へ出かけ、著名な画家の絵を鑑賞しました。美術館で購入した絵ハガキやカレンダー、絵本などを子どもたちに紹介すると、子どもたちは、絵の構成や空の色、雲や樹木の描き方などを自分なりに考えて、絵に取り入れるようになりました。

子どもがこの世に生を享け、今を一生懸命に生きている証しが一枚の絵画になる。子どもが命に感じたままに、自分らしく表現する姿を大切に見守り、絵を生み出す素晴らしい力をほめ、その子にとってその絵が最高傑作になるよう取り組んでいます。

「絵画こども県展」に向けて、ゆうちゃんが選んだ題材は「クレーン車」です。被写体をじっくり見ながら高学年のようなデッサンを描きました。「手前には何を描くの？」と尋ねると、校庭の紫陽花を選びました。実際の花を見ながら、とても美しい色使いをします。

優しく澄んだ色使いに、「なんてきれいな色なのだろう。乱暴な面もあるけれど、ゆうちゃんの心は、こんなにきれいなんだ」と心から感動しました。「ゆうちゃん、天才！」とギュッと抱きしめました。子どもたちも周りに集まってきて、「ゆうちゃんの色、きれいだね」「ゆうちゃん、すごい」と大絶賛です。ゆうちゃんはその時、とてもうれしそうな顔をしました。そして、粘り強く大切に仕上げたこの作品は、見事、同展で佳作を受賞することができたのです。

みんなが喝采（かっさい）！　ゆうちゃんの成長

三学期になると、ゆうちゃんの暴力はなくなっていきました。その代わり、悲しいことや悔（くや）しいこと、頭に来ることがあると、掲示してある自分の作品やすべての荷物、上履きや雑巾（ぞうきん）等も、ランドセルや手提（てさ）げに詰め込み、帰り支度（じたく）を始めます。

「先生大変です！　ゆうちゃんが家に帰ろうとしています」と同僚が知らせてくれる

と、私は急いで昇降口に向かいました。ゆうちゃんは立っていました。私を待っていたのです。

「大好きなゆうちゃん、来るのが遅くなって本当にごめんね。どうしたの？」と聞くと、大粒の涙をポタポタ落としながら、「鬼ごっこで、一人ねらいをされた」と言うのです。以前だったら、友達に砂を投げ、頭にかじりついて、学校を飛び出していたことでしょう。

「ゆうちゃん、えらい‼　悔しかったけど、やっつけなかったのね。さすが、ゆうちゃん。私が荷物を持つから一緒に教室に帰ろう！」と言うと、ゆうちゃんはこくりと頷き、二人で教室に戻りました。

授業が始まると、私はゆうちゃんを前に呼び、クラスのみんなにこう呼びかけました。

「みなさん聞いてください。ゆうちゃんは嫌なことがあっても、ぐっと我慢して家に帰りませんでした。また、友達にも一切痛いこと、嫌なことをしませんでした」と。子どもたちは「えらい！」「ゆうちゃん、すごい！」と大拍手。ゆうちゃんの心の成長をみんなでたたえました。

道徳の時間では、心の交流や命が大切に描かれた物語をたくさん鑑賞してきました。その感動をいち早く絵や文に表したり、折り紙で仲間をつくったりするのが、ゆうちゃんでした。授業で感受性豊かに表現できた時は、ノートに赤字で具体的にほめ、「ゆうちゃん、職員室の教頭先生にも見せてあげて」と送り出しました。

ある時は大事そうに両手の上にノートを載せ、ある時はスキップしながら、百メートル先の職員室を目指します。すると、教頭先生も私のコメントの隣に、ほめ言葉をたくさん書いてくださり、ゆうちゃんが喜び勇んで帰ってきます。

その後、ゆうちゃんは〝友達に悪いことをしたな〟と感じると、ノートの切れ端などに「すまん」と書いて、友達の机の上に置くように変わっていきました。

才能の芽を伸ばす、信じ、励ます力

こうして一年間、私はゆうちゃんならではの良さを、ゆうちゃんにたくさん伝えてきました。またお母さんにも、ゆうちゃんの素晴らしい行動の数々を、電話や連絡帳で伝え続けました。悪さばかりを厳しく叱ってきたお母さんが心を開き、次第にゆうちゃんを温かく見守る眼差しに変わっていきました。

ゆうちゃんは今、多くの先生方から「美人さん」と呼ばれるほど、澄んだ瞳をした、笑顔のかわいい女の子に変身しました。三学期には、みんなに「ゆうちゃん!!」と愛され、大勢の友達と楽しく遊ぶ姿も見られるようになりました。

池田大作先生の著書に次のような言葉があります。

「どんな子であれ、その人にしか果たせない使命がある。誰しも、何かの才能の芽をもっている。

その芽を伸ばすための最高の養分は、信じてあげることです。

人によって、早く芽吹く人もいれば、時間がたってから、急に伸びだす人もいる。

しかし、いつかは必ず才能の芽が伸びることを信じて、温かく見守り、根気強く励ましを重ねていくことです」※

この年の「絵画こども県展」では、特別賞、特選、入選佳作を含め三十八人中三十二人が入賞となりました。また、「絵画こども県展」で入賞しなかった子どもは、読書感想文や席書会、校内百キロマラソンなどに挑戦し、クラス全員が何かしらの賞を受賞することができました。

子どもが自分に自信を持ち、生きていて本当に良かったと思えるように、これからも子どもを信じぬき、子どもたちのすべてを受け止められる自分に成長していきたいと思います。

※『女性に贈ることば365日』（海竜社）、一四〇ページ

識者の声

全人類に人間教育の実りをもたらす教育実践記録運動への期待

桃山学院教育大学　学長　梶田叡一

かじた・えいいち
一九四一年、島根県松江市生まれ。京都ノートルダム女子大学学長、兵庫教育大学学長、環太平洋大学学長、奈良学園大学学長などを経て、二〇一八年から桃山学院教育大学学長。文学博士。

教師と生徒を成長させる実践記録運動

創価学会教育本部の皆さんが取り組んでこられた教育実践記録運動を通じて、私

が最も大きな印象を受けたことは、一つ一つの教育実践に貫かれている教育への情熱です。子どもたちと結んだ縁を大切にしながら、教師が最大限に自ら（みずか）の〝教育力〟を発揮していこうとするその熱意こそ、私は教育において最も必要なものだと思います。だからこそ溢（あふ）れんばかりの情熱で貫かれた実践記録が、今や十四万五千事例にまで集積されていることは本当にすごいことだと思います。

以前、実践記録を読ませていただいた際に、僭越（せんえつ）ながら「教育本部の方々に向けた助言を」とリクエストされたことがありました。教育とは〝今までわからなかったことがわかるようになった〟というように、具体的に目の前の相手を良い方向へと変えていく「利他（りた）」の実践です。ですから私はその時に、情熱を注ぐ相手である子どもの変化に視線を注いでいってほしいと伝えたのです。

人は教育を受けるなかで自身の人生における根本的な転換点を迎えていきます。その転換点とは創価学会が根本のテーマとして掲げる「人間革命」にも通じるのではないでしょうか。その意味で教師は、子どもたちが将来、人間として大きく成長する転換点を迎えるための種蒔（ま）きを担っている立場とも言えます。

皆さんが綴る実践記録は、それによって子どもの変化が対象化されることで、見落とすことなく子どもの変化に伴走することができるのだと思います。

仲間の奮闘が力になる

一方で実践記録を共有し合う人間教育実践記録報告大会も重要な意義を持ちます。教育の現場では、子どもたちとうまく心を通わせることができなかったり、学級運営が思うようにいかなかったりすることが往々にしてあります。その時に、教師が一人だけで悩み、孤立してしまったならば、解決策は暗雲で覆われてしまうでしょう。しかし、同じ教師の仲間の奮闘の軌跡に触れることで暗雲は取り払われ、そこから課題解決への糸口が照らし出されます。

さらに申し上げれば、実践記録の共有は教師にとって未来への教材にもなり得るものです。近年、発達障害の児童や外国籍を持つ児童、あるいは貧困家庭で暮らす子どもなど、特有の背景や困難さを抱える子どもが増えています。そのように多様な子どもたちと向き合う時、他者が綴った実践記録は自身が縁したことがない子どもとの関わり方を示し、「自分ならどうするか」といった想像力を与えてくれます。その想像力は未来への備えとなって自らの〝教師力〟を高めてくれるはずです。私はそのことこそ池田大作SGI（創価学会インタナショナル）会長が示された「教師こそ最大の教育環境なり」との指針に合致するものだと思うのです。

教育本部の皆さんが綴った教育実践記録は、今ではグローバルな共通言語である英語に翻訳されて世界各地で共有されていると聞きました。世界各国の教育界が〝人間教育〟を大きな課題として捉えているなかにあって、そのように教育実践記録が英訳されることは、きっと国内だけでなく国外においても多くの気づきをもたらすものだと思います。一方では海外における教育実践にも学びながら、国内外の教育界が共に人間教育の道を追求・実践していくことで、間違いなく人類全体で人間教育の実りを享受していくことができると思います。その意味でも教育本部の皆様のさらなる活躍に期待しています。

人間教育実践報告
06

福岡県　美術館館長／元中学校教諭
弥永（いよなが）　隆広（たかひろ）さん

アートがつなぐ、人と人との絆

中学校の美術教諭だった際、「学校美術館プロジェクト」を立ち上げて、子どもたちに創造する喜びを伝えた弥永隆広さん。地域に大きな反響を広げた、美術教育の取り組みを紹介します。

子どもたちの生命を光り輝かせるために

私は、一九八二年に大学院修士課程を修了し、その年の四月、公立中学校の美術科教師として採用されました。本当は画家としての道を志していた私は、捨てきれない夢を半分抱えながら、不安と複雑な気持ちで、教師生活をスタートさせました。

着任した当時は、「荒れた学校」が社会問題化しており、私のクラスも例外ではありませんでした。教室内は規律がなく、ゴミは散らかり放題。私の注意を生徒は無視し、授業はまったく成立しません。それどころか、教師に対する暴言や暴力も日常茶飯事でしたので、私自身も学校に通うことで精いっぱいでした。そして次第に、〝教師を辞めようか〟と思い悩むようになりました。

そんな時、私の先輩が池田大作先生の著書の一節を通して、強く励ましてくれました。

「大確信をもって言い切れることがあります。

それは、『どの子も必ず伸びる』『人間はみな成長できる』『生命はもっともっと光り輝かせることができる』ということです。そして、ここにこそ人間教育の希望があり、ロマンがある」[※1]と。

私はこの言葉に触れ、〝こんな自分でも、子どもたちの可能性を引き出すことができるかもしれない〟との希望を抱き、〝子どもたちの幸福を第一に考える、信頼される教師になっていこう〟と腹を決めました。

「一人立つ」行動から団結あるクラスへ

それからの私は、〝一人ひとりの生徒と心が通うように〟〝この生徒が課題を解決して成長できるように〟と必死に祈り行動しました。そして、生徒たちへの具体的な関わりの第一歩として、ゴミだらけで「豚小屋教室」と呼ばれていた劣悪な教室環境を変えることを決意。毎朝一番に教室に行き、一人で掃除を行うことから始めました。

当初は、ゴミ一つない教室になっても生徒はあまり反応しませんでしたが、数日後、「先生、俺も手伝うよ」と言ってくれる生徒が現れたのです。それ以降、二人、三人と徐々に手伝う生徒が増え、一カ月も経たないうちに十人程度の生徒が手伝ってくれるようになりました。そして約半年後には、ほぼ全員の生徒が朝掃除に参加する状況になったのです。

掃除を通して、互いを信頼し始めるようになった生徒たちは、後に体育祭クラスマッチで優勝するなど、まとまりのあるクラスへと変わっていきました。この体験が、私の教師としての原点になったと感謝しています。

自尊感情を高める美術教育を目指す

創価教育の目指す人間教育とは、人間の生命の内奥にある計り知れない可能性を引き出し、磨き上げ、完成へと導き、子ども自身の幸福と社会の繁栄を築いていくものです。私は、美術の授業を通して、「描けない」「つくれない」と思っている子どもたちを、「描ける自分」「つくれる自分」へと目覚めさせ、自分のなかにある個性や創造する喜びを発見させることを目指しました。そして、私の美術教育の方針を「自尊感情を高める美術教育」と定め、授業内容を構成していきました。

ここで授業例をご紹介します。

初めに一枚の作品を見せます（絵①）。この一枚の絵で、ほとんどの生徒たちが、どよめきます。「これはね。去年の中学一年生が描いたものだよ。君たちも、こんなふうに描いてみたくはないかな？」

生徒たちは、一瞬、お互いの顔を見合わせますが、ほぼ全員が、「描きたい」と言ってくれ、〝去年の先輩が描けたのなら、自分たちも描けるかもしれない〟と前向きに捉えてくれます。

授業では次に、どんな子どもにも備わっている「ものを見て観察する力」や「正しく描ける力」を引き出し、集中力を高めさせることに取り組みます。

それでは具体的に、生徒の作品の変容をご覧ください。

生徒Aの手のデッサン（絵②）は、一見すると、きちんと描

①

②

かれているようですが、指の関節が太く、形のバランスがとれていません。

そこで、形の特徴をよく観察させ、手の構造をつかませました。具体的には、ものを徹底して見ることを伝えたのです。次に、陰影の特徴を理解させ、光と陰の表現を工夫させました。そして、鉛筆のタッチを使った立体表現の技法を繰り返し練習し、徹底して描き込ませます。このようにきめ細かく、具体的な手立てを仕組んで、指導していきました。その結果、A君が描いた絵が絵③です。

少しのアドバイスで、生徒の絵はみるみる変化します。本人も驚きますが、周りの生徒はもっと驚き、相乗効果は抜群です。

そして、この生徒が描き上げた「靴」が絵④です。形はしっかりととれ、光と陰影を複雑な色合いを使って描き、存在感のある作品へと仕上がっているのがおわかりになると思います。

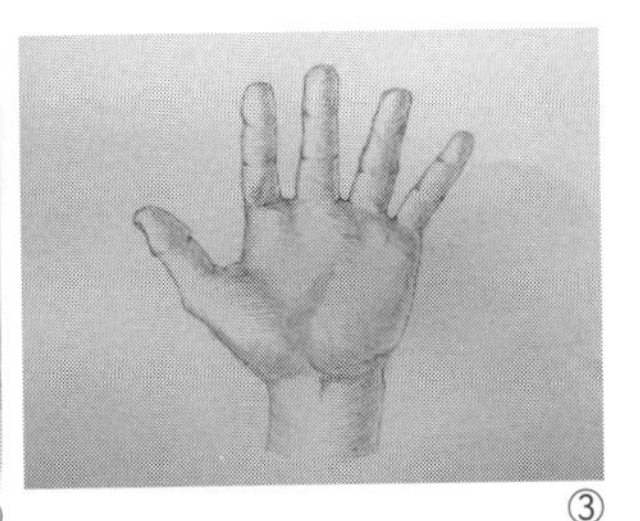
③

④

このような作品が描けるようになると、表現技法だけでなく、美術に対する学習意欲も高まり、他教科の学習態度にも変化が見られるようになりました。

そんな生徒たちの変化は、他の教職員も感じるところとなり、アートを基盤とした総合的な学習活動が、可能となっていったのです。

本物に触れる「学校美術館」

私は、生徒たちの意欲的な姿に刺激され、もっと個性溢(あふ)れる作品を創造させてあげたいと思いました。それには本物の作家や作品に出合わせることによって、生徒の力(ちから)をさらに伸ばしていくことが大事だと考えました。

そこで、私が持っている人的なパイプをフルに活用し、国内で活躍している版画家や大学の教授をゲストティーチャーとして招(まね)き、特別授業を行ったのです。

本物に触れるという体験は、生徒たちの感性をさらに高めます。また、独自の世界観を創造し表現する新たな大人との出会いは、生徒にとって新鮮であり、単に知識の習得だけでなく、生き方についても学んでいこうという意欲が、生徒たちのなかに芽生えたように感じられました。

それらの取り組みをベースに美術の授業を展開しいくなかで、生徒たちが最も意欲的に取り組んだ授業が、三年生が行う「学校美術館プロジェクト」でした。

学校美術館プロジェクトの最初の取り組みは、三、四人の班に分かれ、ネットや資料をもとに、自分たちが紹介したい作家を選出することです。選出後、作家の良さが一番表現されていると思われる作品を選択。調査研究のための質問事項も含め、手紙による出品依頼を行います。

次に、学校美術館の核となる、作家と生徒による交流会を実施します。初めてとなる作家との出会いに、みんな真剣です。ここで、作品に対する作家の思いを取材し、しっかりと語り合います。この交流会を通して、〝この作品を語りたい〟という生徒たちの意欲は、高まっていくのです。

そしていよいよ、美術館のオープン。開館と同時に、中学校の後輩や、お父さんやお母さん、そして先生や地域の皆さんなど、来場する方々に、懸命に、そして真剣に、作品の魅力について解説します。

二千人が集う取り組みへと発展

この一連の取り組みで、深く心に残っているのは、この活動に参加したすべての生徒が成長し、変わっていく姿を見せてくれたことです。

普段、言葉を発しないある生徒は、初めて作品を指し示し、自分の言葉で感想を述べることができました。その小さな変化は大きな波動となって広がり、生徒全員だけでなく、作品を出品してくれた作家、関わってくれた保護者や先生方、すべての人々を感動の絆で結んでくれました。

振り返れば、美術の授業の発表として行われた、第一回の学校美術館でしたが、あまりの反響の大きさに、次年度からは市の教育委員会、ＰＴＡ、学校と、三位一体の取り組みで行うこととなりました。

作品のジャンルも版画・洋画・立体作品から映像など多岐にわたり、幅広い作品と作家が集う美術展となりました。

開館は二日間という短い期間にも関わらず、毎回、五百人以上の来館者があり、第三回までの来館者は延べ二千人以上という、画期的な成果を上げることができたのです。その評価の最大の要因は、紛れもなく、いきいきと活動した中学生であったことは、間違いありません。

池田先生の著書に「はじけるような学ぶ喜び、わくわくするような探求の楽しさを、子どもたちと分かち合う。そして新しい世界を広げながら、知恵と創造性を育んでいく学習の在り方が促されております」※2とあります。

私は、現在、公立美術館の館長という立場で美術教育に携わらせていただいています。今後は、美術館館長として、「価値創造の力」を引き出していく教育の営みに、さらに全力で取り組んでいく決意です。

※1『池田名誉会長の指針　わが教育者に贈る』（聖教新聞社）、三九ページ
※2 同前、二一ページ

人間教育
実践報告
07

鹿児島県　中学校教諭
中原（なかはら） 義秀（よしひで）さん

環境で人は決まらない。人生の主人公は自分だ！

生徒だけでなく、保護者との人間関係も重視し、
生徒指導にあたった中原義秀さん。
そのなかで、問題行動の多かった生徒が
大きく成長していった様子を紹介します。

人生を変えたある言葉

私が教師という職業を目指したのは、子どもの頃、家庭のことで悩んでいた時に次の言葉に出合ったことがきっかけでした。

「環境で人は決まらない。その人の人生の主人公は環境ではない。自分の人生の主人公は、いつも自分だ――」

〝何もかも悪いのは周囲のせいだ〟と思っていた私に〝そうではない〟と教えてくれているようでした。この一言に出合って、私の考え方は百八十度変わりました。失敗や苦労の原因を、周囲ではなく自分に求めるようになったのです。そしていつしか、〝悩んでいる誰かの力になりたい〟と思い始め、教師の道へ進もうと決心しました。

A君に初めて会ったのは、私が以前勤務していた中学校の入学式でした。私は、中学二年生、三年生と、彼を受け持ちましたが、学年が上がるにつれ、生徒指導上の問題行動を起こすようになりました。

初めは反抗的な言動をするなど軽微だった問題行動も、次第にエスカレート。校内で喫煙をしたり、夏祭りで飲酒をしたり、ゲーム機を万引きしたりするようになったのです。

彼の行動を見かねた私は、〝このままではいけない。彼は今、自分自身を見失っている。A君を変えたい！〟と強く思うようになりました。しかし、思うだけで変わるようなら、誰も苦労はしません。本人と話をしても、「別に、どうでもいいが。中学校とか適当でも将来に関係ねぇやろ」といった調子。どうしてよいかわからず、教頭先生に相談したところ、「本人への生徒指導はもちろん大切だけど、保護者としっかり連携を取ることも大事だよ」とのアドバイスをもらいました。

生徒を変えるため親と向き合う

A君の両親は、彼が幼い頃に離婚しており、彼は母親と暮らしていました。しかし、A君の問題行動がエスカレートしていくにつれて、母親の手には負えなくなり、同じ町内に住んでいた父親と暮らすようになったのです。

しかし、その父親がまた、大変な方でした。気性が荒く、喧嘩っ早いとの話も伝わってきました。〝嫌だなぁ〟というのが、私の本音でした。〝A君だけでなく、これからは父親の対応にもあたらなければならない〟。そう考えると、本当に気が重くなりました。

しかし、父親の協力なくして、A君を変えることはできません。まずすべきことは、父親との人間関係づくりでした。父親は、学校に対して不信感を持っていました。私はまず、その不信感を払拭しようと、こまめに連絡することを心がけました。

A君が英語の授業を抜け出したこと、学校に携帯電話を持ってきていたことなど、A君に指導を行った日は必ず父親に電話をかけ、その内容を伝えるようにしました。初めのうちは、父親から「そんぐらい大目に見てやらんか」などと言われ、A君からは「いちいち親父に電話しちょんなや」などと言われていました。父親から不満を言われ、つい私も感情的になってしまったこともありましたが、指導の根幹だけは絶対に見失わないよう、「お父さん、中学校は、A君が社会に出るための訓練の場なんです！　私はA君に、立派な社会人になってほしいんです！」と訴え続けました。

前向きな報告を心がけ、生徒の問題行動が激減

数カ月経ったある日、父親からこんなことを言われました。「先生から着信があると、うちの子がまた何かやらかしたんじゃないかって、ドキッとするのよ……」。私はハッとしました。確かに、父親に電話をかけるのは、何か問題が起きた時だけ。電話での会話はいつも、A君の問題行動をやめさせてほしいという内容でした。誰でもそんな電話ばかりかかってきたらうれしいはずがありません。いつしか私は、指導のことで頭がいっぱいになってしまい、父親の気持ちに寄り添えていませんでした。〝よし、次は問題行動とは関係のない電話をしよう。A君の何か良いことを伝えよう！〟と決意しました。

良い電話をしようと決意はしたものの、なかなか実行できていなかった私は、ある日、「今日は数学の授業を受けました。計算を頑張っていましたよ」と取り留めのない話を伝えてしまいました。父親は、キョトンとした様子で聞いていましたが、私がA君の問題行動に一切触れずに電話を切ろうとすると、「先生、今日はそれだけね？」

と驚いたようでした。

それからは、どんな些細なことでも、私が気づいたA君の行動をどんどん父親に伝えていきました。給食の時に配膳を手伝ってくれたこと、ゲームの話で盛り上がったこと、調理実習で生姜焼きをつくったことなど、良い報告というよりは雑談に近いような内容でしたが、電話口での父親の雰囲気は、以前とは明らかに変わっていました。

驚いたのが、それに比例するかのように、A君の問題行動が減っていったことです。彼はある日、こんなことを言ってきました。「先生、昨日、親父がよぉ、『お前、学校で生姜焼きつくったっちな。おいにもつくらんか』って言ってきたんよね」と。どうやら、私の雑談電話は、彼ら親子に会話のネタを提供しているようでした。

高校を目指し猛勉強を開始

A君が三年生になったある日、父親から珍しく少し強い口調で電話がかかってきました。「先生、息子が何か話したいことがあるそうや。聞いてやってくれ」と。

A君に電話が代わると、彼も少し感情が高ぶった様子で、「先生、俺もう、高校行けんの?」と言ってきました。どうやら、進路について口論になり、父親が「お前みたいに問題を起こしてるやつは、高校なんか行けん」と言ったようです。私は、間髪(かんはつ)を入れず、「そんなことはない」と答えました。また同時に、「それはこれからの君次第じゃないか?」とも付け加えました。

「君が変わろうと思えば、今日からだって変わることができる。環境が原因じゃない、親でもない、全部自分なんだよ」と伝えました。「どうすればいい?」と聞かれたため、「入試に受からないと高校には行けないから、まずは勉強せんとね」と答えました。

これで勉強するようになれば、誰も苦労はしません。私はA君には悪いのですが、まったく期待していませんでした。ですから、次の日の放課後、彼が「先生、これ教えてよ」と言ってきた時には、職員室でひっくり返りそうになりました。

彼はこれまで、勉強をまったくしておらず、学力は低かったのですが、頭の回転は速く、教えたことはすぐに理解していきました。まずは、数学と英語を頑張るというので、数学は私が教え、英語は、副担任の先生に見てもらいました。

初めは入試用の練習問題で十点も取れませんでしたが、次第に点数が上がっていき、平均して三十点ほどは取れるようになってきました。点数が上がってうれしくない人間はいません。彼は、途中から、点数が上がっていくと心から喜び、逆に単純な計算間違いなどをしていると、「あぁ〜、これも解けたのに」と本当に悔しそうにしていました。さらに驚いたことに、放課後の個別指導を始めてから、彼が問題行動を起こすことはまったくなくなりました。

そして彼は、見事第一志望の高校に合格しました。合格発表の日、父親には事前に、「くれぐれも中学校に合否の問い合わせはしないように」と再三注意していたにもかかわらず、「先生、息子はどうやった？」と、待ちきれない様子で電話がかかってきました。

合格の吉報を聞いた父親は、「本当か？　間違いなかけ？」と何度も聞いて確認していたといいます。また私たちに、「先生方皆さんにお礼を言っといてください」という連絡があった時には、〝あぁ、変わったのはA君だけじゃなかったんだな〟としみじみ思いました。

子どもの未来を変える励ましの力

先日、久しぶりにA君の父親から手紙が届きました。そこに書いてあった内容に驚きました。ある地方新聞の「次代を担うホープ」というコーナーに、A君が写真付きで取り上げられた、というのです。同封された新聞記事の切り抜きには、当時の面影を残しながらも、凛々しく、立派な一人の青年が写っていました。末尾に「先生のおかげです。ありがとう」とありました。思わず涙が出ました。それまでの苦労が、すべて吹き飛んだ瞬間でした。

人は簡単には変われないと言う人がいますが、私はそうは思いません。A君がそうであったように、そして私自身がそうであったように、一人の言葉で、一人の励ましで、人は必ず変わることができます。〝一人の子どもの未来を変える――〟。その可能性と責任があるのが、教育ではないでしょうか。

池田大作先生は著書のなかで、次のように述べられています。「学校と家庭、学校と地域、それぞれが声をかけ合い、力を合わせて、子どもたちを守り、育んでいくこと。そのチームワークが、今ほど要請される時代はありません」[※]と。

私はこれからも、その子の未来が幸福なものになるよう、一人の子どもと向き合い、励ましていける、そんな教育者を目指して、今後も精進してまいります。

※『池田名誉会長の指針　わが教育者に贈る』（聖教新聞社）、四四ページ

人間教育実践報告
08

神奈川県　中学校教諭
増山光一（ますやま こういち）さん

一人ひとりが輝くクラスに

神奈川県内の中学校で教壇に立つ増山光一さん。クラスに馴染（なじ）めない一人の生徒への励ましを通し、クラスの団結を強めようと奮闘した増山さんの実践報告を紹介します。

さまざまな事情の生徒たち

私は現在、神奈川県内の中学校で教員をしています。生徒たちと、これまでいくつもの思い出をつくらせてもらいましたが、そのなかでもひと際、心に残っている思い出があります。

それは、三年生の担任を任された時のことです。当時、私のクラスには、さまざまな事情を抱(かか)える生徒が集まっていました。母親が重病の生徒、家庭内暴力で傷ついている生徒、友達に暴力を振るう生徒、そして、不登校気味のA子さん。

実は、私は初めてクラス担任を任された時、生徒からも、保護者からも〝弱(じゃく)〟というあだ名で呼ばれていました。ストレスで体調を崩し、大事な時に、いつも倒れてしまっていたからです。

しかし、この三年生の担任を任された時は、「お前は教育で頑張れ！」との父の遺言を思い起こし、〝どんなことがあっても、絶対に退(ひ)かない〟と決意をしていました。

クラスに馴染めない生徒との出会い

波瀾が予測される一年を乗り切るため、私は学級目標に「他者を大切にする心」「協力する心」を意味する「異体同心」という言葉を掲げました。

新学期がスタートしてすぐ、私はA子さんがクラス内で孤立していることに気づきました。彼女の家庭は複雑な事情を抱えていました。誰に対しても「ウザッ」とか「死ね」とにらみつけ、クラスでもトラブルを頻繁に起こし、仲間と夜遊びし、学業も振るわず、学校も休みがちでした。

最初に迎えた大きな行事は体育祭でした。A子さんは、これまで一度も体育祭に参加したことがありませんでした。私は今回こそはA子さんに参加してもらいたいと思い、応援旗づくりならできるのではないかと考えました。

早速、A子さんに「応援旗をつくってくれない？」と聞くと、案の定「ほっといてよ」との返事。私は生徒会の役員をしているB子さんに「A子さん一人ではおそらくつくれないから、あなたも一緒にやってほしい」と頼みました。最初は心配そうでしたが、しばらく考えた後、「私にできることはやります」と引き受けてくれたのです。

ところが、当のA子さんは「絶対、やだ!」の一点張り。私たちはあきらめず、毎日声をかけ続け、ようやく一週間後、「そんなに言うなら、やってもいいよ」と言ってくれたのです。

そしてその翌日、予期しない出来事が起こりました。なんとA子さんが応援旗の下絵を描いて持ってきてくれたのです。満場一致でA子さんのデザインが採用され、次の日から、私も一緒に三人で作業をしました。

ある日のホームルームで、おもむろにA子さんが手を挙げ、「応援旗にみんなで筆を加えてもらいたいのでお願いします」と呼びかけました。

いつも否定的な発言しかしないA子さんの提案に、みんな目が点になりました。後日、全員が筆をとり、立派な応援旗が他のどのクラスよりも早くできあがりました。

A子さんは、体育祭の練習にはなかなか参加しませんでしたが、次第に「うざい。めんどい」と言いながら、一度も跳んだことのない大縄跳びに挑戦するようになりました。そして迎えた体育祭当日、クラスの全員が清々しい気持ちで競技に参加し、何と総合優勝を勝ち取ったのです。

一人の生徒に徹底して関わる

体育祭も大成功に終わり、A子さんがクラスの仲間と打ち解けたと思っていた矢先、彼女に思いもよらぬ困難が襲いかかりました。A子さんの家庭の事情で、二人の兄とA子さんだけで暮らすことになってしまったのです。

私が「どんなに寒い冬でも、必ず暖かい春が来るんだよ」と声をかけても、A子さんは「先生になんか何も頼んでないんだから、ほっといてよ」と言うばかりです。

しかし、「お母さんに会いたい」とふと漏らした時には、本当は寂しいんだなと不憫に思いました。

六月に入った頃から、A子さんは「ダイエットだから食べないの」と言って、お弁当を持ってこなくなりました。私は家庭の状況を知っていたので、妻に頼んで、毎日おにぎりをにぎってもらい、A子さんに渡すことにしました。彼女が別の教室で授業を受けている間、こっそりと机の中に入れておくのです。A子さんは「いらねぇよ。余計なことすんな」と言っていましたが、いつも帰りにはなくなっていました。

学校を欠席した時には、家までおにぎりを届けました。居留守を使って出てきてくれなかったり、「変態！」などと罵声を浴びせられたりすることもありました。〝ここまでしているのに〟と、時には虚しくなることもありましたが、そんな時は、〝生徒に幸せを感じさせられなきゃ、教員として失格だ〟と自らを奮い立たせました。

この「おにぎりのデリバリーサービス」は、A子さんが卒業するまで続きました。

受験を通してクラスの団結を

夏休みが終わると、いよいよ受験態勢に入りました。私は、「受験は団体戦だ。異体同心で皆が勉強に全力投球できる雰囲気をつくろう！　そのなかでこそ、一人ひとりの本当の力が出せる！」と、訴えました。

そんななかにあって、Ａ子さんは授業中に遅れて登校したり、あえて大きな音を立てて座ったり、途中で「うざい」と言いながら教室を出て行ったりと、自暴自棄な言動が目立ち始めました。

クラスメートからは「Ａ子なんて学校に来なければいいのに」という声が聞こえてきました。私は、悪口を言っている生徒たちを頭ごなしに注意をして、表面上悪口がなくなったとしても意味はないと思い、その生徒たちと一緒に遊んだり、いろいろな話を聞いたりして、できるだけ彼らの不安や悩みを受け止めるように心がけました。

そして、ようやくA子さんへの悪口がなくなってきた頃、私は生徒たちに思い切ってこう話をしました。

「みんなは受験に対して前向きによくやっている。でも、A子さんは勉強が苦手だ。みんなとのギャップを感じているんだ。それがどんなにつらいことか、わかるかい？　A子さんが来たら、温かく迎えてほしい。A子さんも加わって、初めてクラスが一つになるんだ」と。

生徒たちは真剣に耳を傾けて聞いてくれました。そして私の願い通り、クラスに〝A子さんを励まそう〟という空気が広がっていったのです。しかし、それとは裏腹に、A子さんは学校を欠席し遊びほうけていました。

エールを送るなかで生徒の心が変化

ある日の夜、A子さんのお兄さんから「妹が補導されました」との連絡がありました。それから三時間ほど後には、本人からも電話がありました。電話の向こうで

Ａ子さんは、ずっと泣いているようでした。

「不安だっただろう？　あなたは夜にフラフラするような人じゃないはずだよ。学校においで。クラスのみんなが心配しているよ」と私が言うと、彼女は「私のことなんて誰も心配していないよ！」と叫びました。私は、これがＡ子さんの本心だったんだと気づきました。

私は続けて、「体育祭だって、あなたが参加したことをクラスのみんなが喜んでいたじゃないか」と伝えると、Ａ子さんはただ黙って私の話を聞いていました。

十二月になり、進路への準備も大詰めを迎えました。Ａ子さんは登校しても、相変わらず机をひっくり返したりする始末で、冬休みに入ると夜遊びもエスカレートし、ますます生活が荒れていきました。

ところが、年が明けて、学校が始まって早々に、思いがけないことが起こりました。「友達の喫煙をやめさせたい」と、Ａ子さんが、私たち教師に相談をしに来たのです。

私は、喫煙していた生徒を指導した後、Ａ子さんにこう語りかけました。

「あなたは友達思いだね。以前から介護の仕事をしたいと言っていたけど、あなたのような人に福祉に関わる仕事をしてほしいな。これからしっかり勉強して、目指してみようよ」と。

A子さんはうつむき、泣きじゃくりながら聞いていました。

A子さんは受験を決意したのでしょう。翌日から問題集を持って登校し、勉強する姿勢を見せるようになりました。私もA子さんと一緒に高校見学にも行き、挫折させないために、何回も何回も、激励し続けました。

そして、学力的にはハードルの高い受験でしたが、福祉に力を入れている高校に見事合格することができたのです。

みんなで迎えた卒業式

卒業式の前日、教室に入ると、生徒たちが円になっていました。全員が一人ずつ、仲間へのお別れの言葉と、私への感謝の言葉を述べてくれました。

A子さんはクラス全員に対して、「私は勉強が苦手だから、みんなと一緒にいづらくて、教室に入れない時もありました。けれど、みんなが優しく声をかけてくれたから、今日、こうやって一緒にいられる。それがとてもうれしいです」と語りました。

卒業式当日、最後のおにぎりをこっそりと渡し、「卒業おめでとう。よく頑張ったね」と声をかけると、A子さんは「ありがと」と一言だけ言い、投げるように手紙を渡して行ってしまいました。手紙には、「おにぎり毎日おいしかったです。本当に感謝しています」と妻への感謝の言葉が書かれていました。A子さんは現在、夢を叶え、介護施設で元気に働いています。

波瀾万丈の一年でしたが、私は教員として、生徒が抱える問題に全力で立ち向かうことができました。また、共に行動してくださった先生方や、親身に相談に乗ってくださった校長先生に、心から感謝しています。

池田大作先生は、私たち教育者に、「子どもと向き合い、その心を覆っている闇を晴らしていくのが大人たちの責任です。なかでも教師は、真正面から子どもと向き合ってほしい。子どもの成長のためなら、何でもする——この心が、大切なのです」※と綴(つづ)ってくださいました。

私はこれからも、生徒の幸福のために、一人ひとりの可能性を信じ、どこまでも関わり続けていきたいと思います。

※『教育の世紀へ』(第三文明社)、四七ページ

人間教育実践報告
09

北海道　高等学校教諭
宮本(みやもと)　恭子(きょうこ)さん

馬とともに、生徒とともに

馬が大嫌いだった宮本恭子さん。そんな宮本さんの赴任先は、競走馬を生産する農業高校でした。
そこで出会った一人の生徒との触れ合いを通し、
教師として成長していった宮本さんの実践報告を紹介します。

苦手な馬の担当教師に

幼い頃から動物が好きだった私は、出身地の京都から北海道にある酪農大学に進み、大学卒業後は、農業高校で教師生活をスタートしました。

赴任先の高校は、サラブレッドを生産していることで有名な学校でした。赴任先が決まった時、私は〝まさか、「馬」のことを教えるはめになるのでは……〟と、不安が頭をよぎりました。実は私は、犬や猫などは大好きでしたが、動物のなかで唯一、馬が大の苦手だったのです。

私が高校生の時のことです。学校に小さなポニーがいたのですが、友人が噛まれてけがを負ったことがありました。そのことが私のなかで強烈な印象として残り、馬が大の苦手になってしまったのです。酪農の大学時代も、馬には一切近づこうともしませんでした。もちろん、馬について勉強したこともありません。

赴任一年目。担当した科目は、「農業情報処理」と「生物活用」でした。この「生物活用」が、馬や牛のことを教える科目だったのです。何とか一年間、担当を務めて迎えた三月。教頭先生から思いもよらぬ話がありました。

「新年度から、宮本先生には、馬一本で担当をお願いします」

驚きで声が出ませんでした。それだけではありません。続けて教頭先生は、「『馬科学』の専攻コースで、二年生、三年生の『馬学』と『馬の生物活用』の二つの科目を担当してもらいます」と、言うではありませんか。

その上、「部活動の『馬術部』の顧問もお願いします」とも言うのです。私が一番嫌いな「馬、馬、馬……」の三連発です。

〝馬の嫌いな私に、務まるかしら……〟〝教室での講義は何とかなっても、実習の馬はどうしても無理……〟と、私は不安で胸がいっぱいになりました。その日はショックのあまり、馬に蹴飛ばされる夢まで見るほどでした（笑）。

生徒からもひやかされる毎日

次の日から、悪戦苦闘の日々が始まりました。私はそれまで、馬に触ったことは一度もありませんでした。ましてや、馬に乗ったことなども、まったくなかったのです。

担当する教科の「馬学」とは、馬と人間の関わりの歴史から始まり、厩舎の管理や繁殖・分娩方法などを、実習を通して学ぶ科目です。サラブレッドを生産するためには、必須の科目です。

クラスの生徒は二十人ほどでした。北海道の馬牧場で育った生徒や、全道や全国から競走馬の育成に興味を持って集ってきた生徒ばかりです。馬について、一番知らないのは、教師である私でした。「先生、そんなことも知らねぇーの」「えっ！馬に触ったこともないの」とひやかされる毎日でした。

最初の授業から、生徒たちは、完全に上から目線です。主担当のベテランの先生も、教師としてのキャリアは長いのですが、馬の担当は三年目。馬に関しては、生徒と五十歩百歩の状況でした。

私が初めて馬に触ったのは、忘れもしない、厩舎から二頭の馬を放牧場所へ引いていった時のことです。主担当の先生から、「馬を放牧させて」と頼まれ、「私、馬に触ったことないんです！」と訴えたのですが、まったくの無視。仕方なく百メートルほど、手綱を持って歩いたのです。恐る恐る近づく私に馬のほうが〝危ない！〟と思ったのでしょう。私が引っ張っていくというより、移動場所を熟知している馬に、私が引きずられていったという感じでした。

臆病な心を支えた励ましの力

私は自分の力のなさに、教師として情けなさを感じ、次第に何事に対しても、臆病になっていきました。さらに授業以外の時間も、早朝と夜の馬への餌やり、厩舎の清掃。馬の出産時期には、一日の仕事を終えてから、夜通し厩舎で、お産を見守ることもありました。土曜日も日曜日も、馬の世話で十分な休息が取れず、休みがないまま月曜日の授業を迎えることもたびたびでした。

そのような日々に、私はすっかり心に余裕をなくし、生徒指導もうまくいかず、自己嫌悪から、何度も心が折れそうになりました。

そんな時、私の心の支えになったのが、地域に住む創価学会の同志の存在でした。みなさん、私の職場での悩みを真剣に聞いてくれ、「負けないことが大事だよ。必ず、良い方向に向かっていくからね」「ピンチはチャンスよ！　そう決めて乗り越えていこう。私も一緒に応援するから！」と、いつも温かい言葉をかけてくれたのです。また、馬の仕事をしている壮年の方も、親身になって私の相談に乗ってくれました。

私自身も、夢だった教師の仕事で〝絶対に弱音を吐きたくない〟と歯を食いしばり、人一倍、馬のことを学び、授業の準備に時間をかけ、馬と触れ合う機会を増やしていきました。

試練の冬こそ「鍛え」の時

ある年、競走馬の生産について学びたいと、A子ちゃんが入学してきました。彼女は勉強は得意でしたが、感情の起伏が激しく、ちょっとしたことで意地を張ったり、頑固になったりして、すぐに口を閉ざしてしまう生徒でした。やがて、髪を染め始め、素行にも荒れた様子が目立ってきました。

私は彼女に愛情を持って注意したり、説得したりしました。しかし、なかなか思いが通じません。しまいには、「教師のための生徒じゃない」と吐き捨てるように言われてしまいました。

二年、三年と、A子ちゃんの行動はさらにエスカレートしました。突然、下宿先から家出をしたり、学校をやめると言い出したり――。そんなある日、薬を大量に飲み、校内で、ふらふらになっている彼女が発見されました。いったん、保護者のもとに戻ったA子ちゃんでしたが、一カ月後、体調の回復とともに学校に戻ってきました。

私はA子ちゃんの「教師のための生徒じゃない」との言葉が、棘のように心に突き刺さっていました。〝彼女にとって、私のいる意味は何なのか……〟と自分に問いかける日々が続きました。

「教師のための生徒」から「生徒のための教師」になるためには、どうすればいいのか――。そう思い悩むなかで、ある日、〝自分にとっての「試練の冬」こそ、来るべき「勝利の春」のために必要な「鍛え」の時なのではないか〟と気づくことができたのです。さらに、〝今、直面しているA子ちゃんとの関わりが、すべて、教師である私自身を成長させてくれるための「鍛え」になる〟と思うことができたのです。

それからは、〝彼女のことをもっとよく知ろう〟〝彼女の心の声に、必死で耳を傾けよう〟と、心の底から思える自分に変わっていきました。

自分が変われば生徒も変わる

A子ちゃんが、「障害がある人のための乗馬について、もっと研究したいの」と、私にポツリと漏らしたのは、彼女が学校に復帰して、しばらく経ってからのことでした。

彼女は、学校の「馬研究班」のメンバーでした。研究班は、近隣の特別支援学校の生徒たちと、乗馬を通した交流や療育を行っているグループです。

乗馬によるリズムのある揺れや振動が、普段使わない筋肉やマヒしている箇所に、良い影響を与えるのです。また、乗馬によってリフレッシュすることが療養に効果があるということから、「馬研究班」が取り組んできたものです。

私の関わり方が変わるにつれ、A子ちゃんは次第に落ち着きを取り戻すようになりました。さらに乗馬セラピーを学ぶため、大学進学を目指し、積極的に受験勉強にも取り組むようにもなったのです。そして翌年三月、その努力が実り、晴れて、東京の農業大学に合格することができました。

今、彼女は障害がある人のための乗馬セラピーについて、一生懸命学んでいると聞いています。

全国大会で優勝に輝く

その後、私も苦手だった乗馬に挑戦。馬から落ちたり、馬に噛まれたり、蹴飛ばされそうになりながらも、徐々に馬がかわいらしく感じられるようになっていきました。

実は、馬ほど人間に感情をはっきり表してくる動物はいないのです。怒っている時や体調が悪い時、また遊びたい時など、馬は喜怒哀楽をダイレクトに伝えてきます。私は馬との交流を深めるなかで、あれほど苦手だった馬が、いつしか大好きになっていました。

生徒たちも、「先生、頑張っているんだな。見直したよ」「厩舎の清掃の仕方、うまくなったじゃないか」と、相変わらず上から目線ですが、私を「馬学の教師」として、認めるようになっていきました。

顧問を務めていた「馬術部」も、全国大会で優勝。また、その後に担当した「馬研究班」も、「日本学校農業クラブ・全道実績発表大会」で優秀賞に輝くことができました。

生徒のための教師になる!

先日、私が担任を務めた一人の生徒から電話がありました。関西から競走馬の育成を学ぶために入学し、卒業後、本州にある競走馬の育成牧場に就職した男子生徒です。

「先生、昨日、俺が勤めている牧場に、あの『彪牙(ひゅうが)』が来たんだ。立派な競走馬に成長していてさ。うれしくて、うれしくて。先生にすぐ知らせようと思ってさ」と言うのです。

実は、「彪牙」というのは、私の学校で生まれたサラブレッドでした。みんなで名前をつけ、世話をした、思い出の子馬です。競(せ)りでは百六十万円の高値で売れ、その後、中央競馬会で幾度か勝利を飾り、一流のサラブレッドとなりました。

教師としての第一歩を記(しる)したこの農業高校での日々は、私にとって、自身と向き合うまたとない機会となりました。また、生徒たちと関わることの素晴らしさを学んだ年月となりました。

その後、私は、別の農業高校に転勤となり、これまでとは違う「食品製造」を担当しています。また一から勉強です。生徒への指導や教科指導の面でも、まだまだ学ぶことはたくさんあります。これからも、「生徒のための先生に」との決意で、教育の道を邁進(まいしん)していきます。

人間教育実践報告
10

埼玉県　高等学校校長
西宮（にしみや）　俊明（としあき）さん

グローバル人材育成への挑戦！

世界で活躍する人材を育てたいとの思いで、英語教育に情熱を注いできた西宮俊明さん。生徒のためならどんなことにもチャレンジする西宮さんの実践報告を紹介します。

新任教師として生徒と全力で向き合う

二〇一四年四月、埼玉県内のある高等学校に校長として赴任しました。本校は、豊かな自然に囲まれた素晴らしい環境の学校です。朝は校舎内を一巡してから校門に立ち、生徒一人ひとりと挨拶を交わします。

創価大学四期生として学んだ私は、大学卒業後、最初に赴任した商業高校で念願の学級担任となりました。貿易科という三年間クラス替えのない学級で、生徒たちと、「全員卒業!」を目標に出発しました。

しかし、現実にはさまざまな困難が立ちはだかりました。家庭のいざこざが原因で家出をしてしまったA子さんを、母親と一緒に捜し出したり、「学校をやめる」と言って聞かないB子さんの家に何度も家庭訪問したりと、多感な生徒たちの心に少しでも寄り添おうと、必死に関わり続けました。

また、クラスの生徒四十六人中八人が男子生徒でしたが、その多くが成績不振者でした。私は定期テストの前に男子生徒全員を自宅に泊まらせ、勉強合宿を行いました。

その際、私の母は大なべでカレーをつくり、そのなかにゆで卵を何十個も入れて振る舞いました。〝生徒たちに殻(から)を破って成長してほしい〟との母の願いが込められていました。

生徒と食べたカレーの思い出

三年後、四十六人の生徒全員が無事卒業しました。今ではもう五十歳になるおじさん、おばさんたちですが、家族のような付き合いは現在も続き、四年に一回、オリンピックの年にクラス会を開いています。みんなで集まると、いつもカレーの話が話題になります。「俺は先生のお母さんの卵カレーのおかげで卒業できた」など、彼らは何を勉強したかは忘れても、一緒にカレーを食べ、八畳間にすし詰めになって寝たことは一生忘れられないようです。

二〇一三年、B子さんから連絡がありました。「母が亡くなりました。先生が私を卒業させてくれたことを母はいつも感謝していました。お葬式に母の顔を見にきてくれますか」と。

葬儀では、B子さんのお母さんの御冥福を心から祈らせていただきました。私は生涯、このクラスの担任であり続けたいと思っています。

教頭として新たなる挑戦

私は、専門の英語教育で、これまで高校英語教育研究会の事務局長や、県の年次研修指導者などを務めてきました。その後、二〇〇六年度に教頭となり、一一年度からは県立A高校に赴任となりました。

一一年度は、埼玉県が新たな教育施策として立ち上げた「グローカル・ハイスクール・プロジェクト推進事業」がちょうどスタートした時でした。「グローカル」とは、「グローバル（地球）」と「ローカル（地域）」を合わせた造語で、地球規模の視野と地域の視点を併せ持つ人材育成プログラムを研究開発する事業です。私は校長の指示を受け、教頭としてこの事業に取り組みました。

A高校の特色として、オーストラリアの高校との交換ホームステイを活用した海外研修制度がありました。毎年、夏休み期間中に二年生四十人が参加します。ところが、希望者は六十人以上もいて、校内選考を実施していました。

「A高校に進学すれば海外研修ができる」と夢を抱いて入学してくる生徒がたくさんいますが、その夢が叶わない生徒も多いのが実情でした。

実は、私はかつてA高校で教諭として勤務したことがあります。当時のことで忘れられないのは、英語を一生懸命勉強していたC子さんとの思い出です。C子さんはホームステイを強く希望していました。ところが、彼女は惜しくも選考から漏れてしまったのです。

合格して喜ぶ生徒のなかで、肩を落とし泣いているC子さん。その時私は、「やる気があって希望する生徒は何とか全員、行かせてあげたい」との思いを強くしたのでした。

希望する生徒に海外経験のチャンスを

そんな思い出があったことから、私は教頭として着任してすぐに、思い切って校長にこう直談判(じかだんぱん)をしました。

「校長先生! 海外研修のことですが、せっかく本校に入学しても選考から漏れてしまう生徒がたくさんいます。できれば、新しいプログラムを立ち上げて、希望する生徒全員を海外へ送り出せないでしょうか」と。校長からは「教頭先生の思いはわかるが、じっくりと準備して、来年からでもいいのでは……」との返答でした。私はさらに、「選考に漏れた生徒たちのことを思うと、いてもたってもいられないのです。無理は承知ですがグローカル元年の今年から実施を目指したいです!」と情熱を持って語りました。すると、「いやぁ、教頭先生の熱意には負けたよ。その通りだ。私が後押しするよ」と言ってくれたのです。

それから私は、あらゆる知恵を絞(しぼ)って、海外研修の可能性を探りました。ある時、県のグローカル事業の目的の一つに、「海外の大学に入学・留学を目指す高校生を増やす」とあるのが目に留まりました。私は「これだ！」と思いました。

早速かつて訪れたことのあるアメリカの大学に連絡を取り、事情を説明して生徒の受け入れを要請しました。こちらの熱意をきっとわかってくれるはずだと思い返事を待ちましたが、なかなか回答がありません。何度も連絡を取りましたが、最終的な答えは「ノー」でした。

「やはり、しっかりと準備をしないとだめかぁ」と半分あきらめかけていた時です。国際教育部主任の教師が「教頭先生、まだあきらめないでください。世界は広いですよ」と励ましてくれたのです。また、外国語科主任の教師も、「私もあらゆる可能性を探って情報収集してみます」と力を貸してくれました。

そして、この二人の協力のおかげで、カナダ・トロント大学での海外研修の道が見えてきたのです。

毎年七十人以上が海外へ雄飛

私は新規プランを持って校長室に行きました。「校長先生! カナダのトロント大学で、八月からの研修が可能になりそうです」と。すると校長からは「トロント大学か、いいねえ。しかし、もう五月だよ。こんなに急で、果たして参加する生徒はいるだろうか」との疑問が出されました。その後、職員会議で同様の提案をしたところ、「今からの募集では無理がある」との声があがりました。しかし私は、「生徒のためになるなら、早いほうが良い」と必死に訴(うった)え、最後は校長も実現に向けて全力で後押しをしてくれました。

その後、県の教育委員会の決裁もおり、ようやく実現の可能性が出てきました。そして校内で募集をしたところ、二十四人の応募があり、トロント大学での研修が実現したのです。

こうして、オーストラリア二グループ四十人、カナダ一グループ二十四人、引率は各グループ二人、計六人の教員、総勢七十人が旅立ったのです。

この取り組みは、現在でもアメリカやイギリスの大学に場所を変えて継続し、オーストラリアの高校との交換ホームステイと合わせて、毎年七十人以上の生徒が海外に雄飛しています。

語学教育の充実へハングル講座を実施

A高校のもう一つの特色に、「第二外国語」のカリキュラムがあります。学校創立以来、フランス語、スペイン語、ドイツ語、中国語を学べることを学校の大きな看板にしてきました。

また、グローカル事業の柱に、外国人講師の活用がありました。私は、再び校長に「外国人講師の件ですが、第二外国語に加えてハングルも取り入れませんか?」と相談しました。校長は初め、「どうしてまた、ハングルなんだい?」との反応でした。

その際、私は十二年前に本校と韓国の高校が交流した経験を語り、「韓国は私たちにとって大切な隣国です。ハングルを学ぶ機会があれば多くの生徒が喜ぶと思うのです」と訴えました。すると校長は「わかったよ。それでは、ハングルもやってみようじゃないか！」と快諾してくれたのです。

次の課題は、ハングルの講師を探すことでした。悩みぬいていた時、英語科の教師が突然、「教頭先生、私の妻は韓国人です！　妻は以前から、ハングルを教えたいと望んでいます」と言うではありませんか。この時の驚きと感動といったら、例えようがありませんでした。

計画は一気に進み、スタートは九月からとなりました。希望するすべての人が学べるように、授業が始まる前の朝の早い時間に学習することにしました。さらに、保護者にも教職員にも開放することにしました。

そして、フランス人・スペイン人の先生にも快諾していただき、ハングル・フランス語・スペイン語の早朝講座の開始となりました。受講生は延べ百六十人に上りました。

保護者も参加し大好評の早朝講座

早朝講座は大好評を博しました。遠距離通学をしているある生徒は、毎朝五時に起きて六時前に家を出ます。

「そんなに朝早く、大丈夫なの？」と私が聞くと、「はい。早朝講座のある日は楽しくて少しも苦になりません」と満面の笑みで答えてくれました。

保護者の参加は母親が圧倒的に多い様子でした。ハングルの講師は韓流ドラマの女優のような先生で、たちまちお母さんたちから大人気。ＰＴＡの副会長も熱心な受講生となりました。その副会長は、校内で私と顔を合わせるたびに、「パンガプスムニダ」（お会いできてうれしいです）などと、習ったばかりのハングルで話しかけてきます。私も必死に「シルレジマン、オヌナラサラミムニカ？（失礼ですが、あなたはどこの国の人ですか？）」などと応対しました。

このように、校長の指導の下、教職員、生徒、保護者、地域の皆さんに支えていただき、グローバル人材育成のプログラムを開発することができたのです。

二〇一四年四月からは、新たな学校で校長としてスタートしました。私は生徒一人ひとりを知ることが大事だと思い、全校生徒と順番に面談を行い、全員の顔と名前を覚えました。そして校内で生徒に会った時には、名前で呼びかけて挨拶をし、励ましの言葉をかけています。また、少しでも生徒を賞賛する機会があればと思い、生徒が学校へ貢献した取り組みなどについて、日本文と英文のメッセージカード(感謝状)を贈っています。現在までに、延べ六百人以上の生徒に贈りました。

今後も、生徒の成長のため、また幸福のために、すべてを投げ打っていく決意です。

識者の声

自己対話と他者対話が融合した価値創造の人間教育

作新学院大学 学長　渡邊 弘

わたなべ・ひろし
一九五五年、栃木県生まれ。慶應義塾大学卒業。宇都宮大学教育学部学部長などを経て現職。著書に『人間教育の探求』（東洋館出版社）など多数。九四年に国民学術協会賞受賞。

牧口常三郎先生から継承されている人間教育の思想

創価学会教育本部の皆様が長年にわたり取り組んでこられた教育実践記録運動を通じて、人間教育の精神が多くの教育者へと継承されていることに、心から敬意を表したいと思います。

創価教育学の源流は、牧口常三郎先生（創価学会初代会長）が北海道尋常師範学校の教生（教育実習生）時代にすでにその萌芽が見られます。当時の作文教育は、作文に興味を持つ児童には適していたものの興味を持たない児童は置いていかれてしまうと見抜かれた牧口先生は、誰もが身につけられるものとして「文型応用主義」の原型となる作文指導法を考案したのです。その根底には大衆救済主義に貫かれた「教育の目的は子どもの幸福にある」との視点があります。

そして今日、その教育理念は教育本部の皆様の教育実践のなかに息づいています。池田大作ＳＧＩ（創価学会インタナショナル）会長は、一九八四年発表の提言「教育の目指すべき道——私の所感」のなかで、「具体的な教育実践の中で、新たな青少年観、成長発達観を練り上げ、皆さまの手で今日的な教育理論を構築していっていただきたい」「教育活動の基本である授業記録の着実な蓄積を」と呼びかけられました。この呼びかけに呼応するように始まった教育実践記録運動の取り組みによって、創価教育の精神は見事に継承され、それが「教育のための社会」の実現に向けた大きな力になっていると感じます。

「教育のための社会」を実現する「信じぬく」関わり

かつて日本の教育は、国家が描く理想像に子どもたちを近づけようとする教育に陥ってしまった負の歴史を歩みました。そのような国家主義的な教育と戦いながら、牧口先生は〝子どものための教育〟を開始されたのです。〝子どものための教育〟と口で言うことは簡単ですが、当時、それを実現することは実に大変なことであったと思います。

そして今、〝子どものための教育〟を実現する原動力になっているものが、実践事例を分析して抽出された〝教師に望まれる子どもへの「関わり」〟の五つのポイント「信じぬく」「ありのまま受け容れる」「励まし続ける」「どこまでも支える」「心をつなぐ」であり、なかでも「信じぬく」が最も重要な関わりです。ともすると「この子には無理なんじゃないか」とあきらめ、まるで子どもの素質に金、銀、銅という分類があるかのように子どもを見てしまう現実を前に、創価教育では子どもが持つ価値創造の可能性を〝信じぬく〟関わりをブレることなく貫いています。

そしてまた、全国各地で開催されている人間教育実践報告大会が横の連帯を生み出し、その一貫性をさらに支えています。実践記録を綴(つづ)ることが自己対話であるとすれば、横の連帯は他者対話の場とも言えるでしょう。そして他者対話の場を通じて、教師一人ひとりのさらなる自己対話が行われているのだと思います。

教育本部の皆さんが取り組まれてきた実践記録は、今や十四万五千事例にも上り、それらは海外にも翻訳されています。そのようにして創価教育に脈打つ平和主義の精神が世界へと広がっていくことは、分断の風潮を感じる今、非常に大きな意義を持つと思います。ぜひ海外の教育実践も共有していきながら、国境を越えた他者対話の場を通じて、地球規模の連帯をさらに広げていってほしいと思います。

教育の道には〝これでいい〟という完結はありません。これからも教育実践記録運動のさらなる広がりと連帯で、日本、そして世界の教育をアップデートしていってほしいと期待しています。

人間教育
実践報告
11

徳島県　特別支援学校教諭
清久（きよく）幸恵（ゆきえ）さん

あきらめないこと、信じぬくこと

徳島県で特別支援学校の教諭を務（つと）める清久幸恵さん。
あきらめないで信じぬく粘り強い関わりで、
クラスの生徒が見事に大きな変化を遂げることができた
実践報告を紹介します。

生徒への思い込みを乗り越える

A君と出会ったのは、彼が特別支援学校中学部三年生の時でした。「お願いします。先生って高等部におった先生やな」と、始業式の日、A君はテンションョン高めに、担任の私に声をかけてきました。その時私は、明るく「よろしくね」と言ったものの、気持ちは沈んでいました。なぜなら遠目で見ていたA君の様子を思い浮かべると、彼の悪いイメージばかりが脳裏に浮かんできたからです。

〝まずい、これではいけない。初めから彼を否定してしまっている。ちゃんと彼のことを正しく知らなければ……。A君にはどんな長所があるのだろう。また、指導すべき点は何だろうか〟

そう思った私は、前の担任と連携をとり、彼についていろいろと教えてもらいました。すると、「勝ち負けや順番にこだわるという特性はあるが、教員の手伝いをしたり、みんなのために準備をしたりすることが好きで、張り切ってすることができる」など、いいところがいくつもあることがわかりました。そこで、A君と仲良くなるために、ゆっくりと話を聞いたり、肯定的な態度をとったりするように心がけるようにしたのです。

具体的なアドバイスで問題を解決

〝A君の人間関係はどうかな〟と思ったある日のこと。他のクラスとの合同授業でA君が好むゲーム的な学習をしている時でした。クラスメートのB君がA君に勝ちそうになると、A君は突然大声を出してゲームの道具をぐちゃぐちゃにしてしまいました。勝ちそうだったB君が「やめろよ」と言うと、A君は「うるさい！」と大声でB君をののしり、使っていた道具を床にばらまいてしまったのです。

その場の空気は一瞬にして凍りつき、険悪な雰囲気のまま授業が終わってしまいました。A君はB君に謝ることができず、「謝ろうね」と促しても「嫌」と言って固まってしまいました。B君は「もういいわ。いつものことやし」とあきらめ口調。しかし、担任である私がここであきらめるわけにはいきません。二人の人間関係を構築するため、さまざまな工夫をしていくことにしました。

そのうちの一つが、ゴミの分別や机を運ぶ作業を、A君とB君がペアになって行うことです。A君はこういった作業が好きなので大張り切り、簡単な作業は一人でとっととやってしまいました。ところが、その作業をできなかったB君は浮かない表情……。さらに、重い机を運ぶ作業など、二人でないとできない仕事の時は、最初はどちらも相手に声をかけるのが嫌そうな様子でした。

そこで私は、「持ち上げる時に『せーの』と言ったり、スピードを合わせて『いち・に、いち・に』とかけ声をかけたりすると安全に運ぶことができるよ」と伝えました。そうして回数を重ねていくうちに、自然な形で声をかけ合うようになり、一緒に仕事をすることができるようになっていったのです。

あきらめの気持ちを払拭（ふっしょく）してくれた言葉

しかしA君は、大きな声を出したり、思い通りにならないと物を投げたり、友達を押しのけたりが収まりませんでした。感情に任せての行動は、時に「うるさい。無理。先生嫌い」と、教師にも向けられました。少し前進はしているものの、劇的な変化のないA君を見て、私の心にあきらめの気持ちが湧いてきました。

〝やっぱり無理だ、そう簡単に変わることはないし、A君にそれを望んでも無理なんだ……〟

そんな時、『わが教育者に贈る』に掲載されていた、池田大作先生の次の言葉を思い出しました。

「子どもからの信頼を勝ち取るには、まず、自分が子どもを信頼することです。すなわち、一個の人格として尊敬し、その可能性を信じ抜くことです。どんな子どもに対しても、公平にこの姿勢を貫いていく時、『一人』の心と、信頼の絆が結ばれる」[※1]

「自分のことを見捨てず、信じ抜いてくれる先生がいる――そう思えることが、子どもたちにとって、どれほど生きる勇気となり、伸びゆく力となるか、計り知れません」[※2]

私は、〝信じぬくことができていなかった自分こそが変わるべきなのだ〟と気づきました。この日から、〝絶対A君は変わることができる〟と信じ、新たな気持ちでA君と向き合うようになりました。

相手の立場に立って考えられるように

具体的には、まず〝清久先生は僕のよき理解者だ、楽しい先生だ〟と思ってもらえるように、授業中に一緒にゲームに参加したり、体を使って活動をしたりしました。また、私自身が率先して参加し、場を盛り上げる言葉かけをし、ルールやマナーを守った行動を見せるようにしました。時にはあえてルールと違う行動をし、逆に生徒に指摘させるようにもしたのです。

たとえば数学の時間。「今日はトランプを使いまーす！」と始めると、生徒たちは「数学でトランプ？」と困惑気味。そんななかA君は「わーい、トランプ！」と言って楽しみにしている様子です。私はこのトランプを使った授業ができるだけ盛り上がるように、まず「何点取れるかゲーム」と命名。そして、「ルールは簡単。トランプを引いて合計得点を競います。時々ボーナスポイントもあります。さあ始めよう！」と、トランプを大げさなくらい混ぜて、広げていきました。

生徒は広げたトランプの周囲にわっと集まり、取る順番を決めます。私も参加し、順番が後になると、「くそー」と悔しがり、引いた数字が小さいと「やってもうたー」と嘆く、そんな姿を見せていきました。また、時には、あえて順番を間違えて、「あっ、ごめん、ごめん」と謝ったり、生徒がカードを引く時にそのカードを押さえて、「このカードは取ったらあかん！」と言って邪魔をしたりしてみせました。目立ちたがりのA君は、「そんなことしたらあかんよ！」などと言って楽しそうにしていました。

そのなかで、A君がとっている行動――ゲームに負けそうになるとその場を離れて放棄したり、使っていた道具を片付けたりすること――を他人にされるとどう思うかを、考えてもらうように誘導しました。最初は少し怒り気味で「何をするんだー」と言っていましたが、だんだんと変化が見え、自身がとっている行動を他人にされたら「嫌な気持ちになる」と答えるようになりました。

その時に「あなたも時々このようなことをしているよ」と伝えると、ハッと気がついた表情で、教師の私にではありますが「ごめんなさい」と言うことができました。そして、「そのような行動をできるだけしないようにしたい」と話してくれたのです。チャンス到来です。早速どうすればいいかを話し合いました。

「気持ちが盛り上がって興奮してくると、A君は行動を止められなくなりやすいよ」「わかった。興奮しないように頑張る」「じゃあ、興奮する前に行動を抑えることができるよう、言葉かけをするわ」

私がA君に興奮しないようにと声をかけても、初めは「何だよ」と言って反抗的な態度をとることもありました。しかしそのつど評価を行い、自身の修正点、成長した点を確認するようにしました。これを一カ月程度続けると、言葉かけで気持ちを落ち着かせることができるようになっていったのです。

生徒から教えられた「信じぬく勇気」

次は少しレベルを上げて、目線を送って合図をするようにしました。すると、少しずつ自分が大きな声になってきていることや、周囲の雰囲気が変わっていることに気づき始め、A君はなんと目線を送るだけで、興奮する前に気持ちを抑えることができるようになったのです。

このようにA君は、変わろう、成長しようと頑張っていました。ただ、ゲームに関してはうまくいきません。B君が勝ちそうになると攻撃的になり、「違う。僕が勝つ。やり直し！」と言って、B君が持っているカードを奪ってしまうのです。

でも、〝A君を信じぬく〟と決めていた私に、あきらめはありませんでした。〝もう一息だ、大丈夫、A君なら必ず乗り越えられる〟と、始める前に守るべきルールを伝え、ゲームを終えるごとに守れたかを確認。こういったことを繰り返していくと、ルールを守った行動ができるようになっていきました。そしてついには、笑顔でB君に、「次どうぞ」と言えたのです。

A君はどんどん仕事を任されるようになり、そのことで自信がつき、行動が落ち着いていきました。また、少し難しいことや厳しめの指導を行っても、反抗することなく聞き入れてくれるようになりました。その結果、修学旅行や学校祭などの行事に、トラブルなく参加することができ、学校生活の楽しい思い出をたくさん築くことができました。卒業の日、「先生、ありがとう」と、A君のほうから照れながら声をかけてくれた姿が忘れられません。

信じぬく勇気を教えてもらったA君に感謝しながら、生徒の自立・幸福を勝ち取るために、あきらめない心で生徒の声に耳を傾け続けていきます。

※1『池田名誉会長の指針　わが教育者に贈る』(聖教新聞社)、三五ページ
※2 同前、三七ページ

人間教育実践報告 12

北海道 特別支援学校校長
播磨（はりま）正一（しょういち）さん

「積み木」が共生社会への希望の架け橋に

北海道の特別支援学校で校長を務（つと）める播磨正一さん。二〇一五年三月まで校長を務めた高等養護学校での積み木を使った協働事業が、大反響を呼びました。積み木を使って子どもたちの未来を開いた実践報告を紹介します。

「積み木のプレゼント」深い決意がひらめきに

私は二〇一二年四月、校長として二校目となる、開校三十周年を翌年に控えた北海道雨竜町の高等養護学校に赴任しました。山田洋次監督の映画『学校Ⅱ』の舞台となった学校です。教職員は約百二十人。木工科や農業科など六つの職業学科に、百五十人ほどの知的障がいのある生徒が学んでいます。

赴任した年、中央教育審議会から「共生社会の形成に向けたインクルーシブ教育構築のための特別支援教育の推進」が報告され、そのなかに、「共生社会とは、これまで必ずしも十分に社会参加できるような環境になかった障害者等が、積極的に参加・貢献していくことができる社会である」とありました。

これまで私には、障がいがある生徒たちは「支援を受ける側」との思いがありました。それだけに、「貢献」という言葉が入ったことに正直驚きましたが、わが校の生徒たちにも、社会に貢献する活動ができないものだろうかと考えるようになりました。

そんな思いが募っていたある日、木工実習室に入ると、キャリア教育の一環で「積み木」を製作していました。聞くとこの積み木は、保育所でモニタリング（試用調査）をしてもらうとのこと。その時、赴任早々、開校三十周年を目指し地域協働のプロジェクトを創り出すと決意していた私は、〝それなら積み木をプレゼントしよう〟とひらめいたのです。

その後、保育所を訪問し、積み木を贈呈。子どもたちはとても喜んでくれました。そして私たちは、お礼に「ぞう」と「うさぎ」をかたどった折り紙をいただいたのです。これには生徒たちも大喜び。〝この運動はいい教育になる〟と実感した私は、さらに〝町内の赤ちゃんにもプレゼントしよう〟と考えたのです。

ちょうどその頃、『聖教新聞』に、「東京おもちゃ美術館」が進める「ウッドスタート」の活動が紹介されました。この活動の一つが、赤ちゃんの誕生祝いに、地産地消の木のおもちゃをプレゼントする取り組みです。私はこの記事に触れ、力を得た思いでした。

町と学校の協働事業がスタート！

家庭用の積み木が完成したのは、卒業式が近づく二〇一三年の三月でした。積み木のプレゼント運動で地域協働を実現したいと思っていた私は、ここで一計を案じました。卒業式の来賓室に、積み木を並べることにしたのです。例年は花が飾ってあるため、積み木は当然、町長や教育長、議員などの来賓の方々の目に留まります。積み木に視線が向く町長に、私はこうプレゼンテーションしました。

「この積み木、いいでしょう。生徒たちがつくったんです。町長、お孫さんにどうですか？」

実は私は、事前に町長に小さなお孫さんが二人いることを調べていました。町長は、「いいね、この積み木。よし、買った」と即答してくれました。そこでさらに「雨竜町で生まれる赤ちゃんは、町長にとって、みんなお孫さんみたいなものですよね」と話し、積み木を赤ちゃんにプレゼントしたい旨をお伝えすると、町長はその発想に共感してくださり、プレゼント運動が実現することになったのです。

こうして雨竜町とわが校との協働事業「雨竜町ウッドスタート事業」が始まることになりました。このことを「東京おもちゃ美術館」の多田千尋館長にお知らせすると、大変驚かれ、「こんなに短期間ですごいですね。北海道で初めてです。ぜひ連携していきましょう」と言っていただきました。

学校の代表となり大成長を遂げた生徒

二〇一三年四月、開校三十周年の年度が始まり、半月後には「雨竜町ウッドスタート事業」の調印式が行われました。調印式には木工科の生徒の代表も参加しましたが、二年生の代表は、入学以来、何回も謹慎処分になっていたA君でした。そこには「責任を持つことで、学校生活に前向きになってほしい」との、担任の強い思いがあったのです。この思いに私も賛同。A君と事前の打ち合わせをすることになりました。

校長室を訪れたA君を一目見て、私は心配になりました。お世辞にも代表が務まる身なりとは言えないのです。髪の毛もぼさぼさでした。そんなA君に、「調印式の日は頼むよ、学校の代表らしくしないとね」と伝えると、「ハイ、床屋に行ってきます」との返事が返ってきました。Ａ君にやる気が見られたのです。調印式当日、Ａ君はすっきりとした髪型で式に臨み、後日その姿が、町長と一緒に大きく新聞に掲載されました。その後、「東京おもちゃ美術館」の監修を受け、三種類の北海道産の木材を使った新しい積み木セットの製作が行われました。

記念すべき第一回の贈呈式は一学期の終業式で行うことになり、そこには八組の赤ちゃん親子が参加。一人ひとりに名前が刻まれた積み木を贈呈しました。その様子は『北海道新聞』の全道版を飾り、ＮＨＫのニュースでも報じられ、大きな反響を呼びました。その後も、新聞、雑誌など、メディアに何度も取り上げられました。

八月には隣町の保育所への贈呈を行うなど、事業は順調に進んでいました。そんな時、Ａ君が暴力事件を起こし、自暴自棄になっているとの報告が入ったのです。Ａ君が、指導申し渡しを受けるために再び校長室を訪れました。ふてくされた態度で「大人なんか信用できねえ、学校辞める」と言うのです。担任は「校長、頼みます」と目で訴えています。私は諭すように、「なあ、Ａ君、大人を信用できないという君の気持ちはすぐには変わらないかもしれない。でも、担任の先生も私も、君を信用しているよ。だから調印式でも贈呈式でも学校の代表になってもらったんじゃないか」と伝えました。しかしA君は、一言も発しないまま校長室を後にしたのです。

十月、二回目の贈呈式の日を迎えました。そこには、いい表情でプレゼントするA君の姿がありました。私たちの真剣な思いが伝わったのです。

数々の励ましをもらった生徒たち

生徒たちは社会に貢献することで、とても意欲的になりました。私はそんな生徒たちを見て、これからの彼らに必要なのは、さらなる「励まし」だと感じました。そこで、「こんなに頑張っている生徒たちに声をかけてもらいたい」と行動を起こし、まずは「東京おもちゃ美術館」の多田館長に来校してもらい、激励していただいたのです。

十一月には、高橋(たかはし)はるみ北海道知事(当時)への表敬訪問が実現しました。知事は「皆さん方が心を込めてつくられた積み木で赤ちゃんが遊ぶことによって、北海道が世界に誇る木の文化を赤ちゃんが人生の初めに味わえることは、本当に素晴らしいことです」と、生徒一人ひとりをほめてくださいました。

さらに、文部科学省と経済産業省が共同実施する、第三回キャリア教育推進連携表彰にエントリー。全国七十五団体のうち七団体が各賞を受賞しましたが、わが校は、「審査委員会特別賞」をいただくことができました。

雨竜町の方々からは、「励ましのメッセージ」というハガキを書いていただいています。こうして目に見える形で励ましの言葉が届けられることで、生徒たちは貢献することに喜びを感じ、自分が必要とされていること――自己有用感を実感できたのです。

プラスの変化をもたらした協働事業

「雨竜町ウッドスタート事業」は、内外に大きなプラスの変化をもたらしました。他の学科でも社会貢献の活動が自主的に行われるようになったのです。その結果、ものづくりを通じた社会貢献が評価され、二〇一五年二月に北海道旭川市で開催された「ＩＰＣ（国際パラリンピック委員会）クロスカントリースキーワールドカップ大会」の表彰メダルと楯の製作を依頼されました。

私はこうした生徒の取り組みは、町を訪れる方々にも知っていただくことが大切だと考え、保護者との協働で、道の駅での写真展を企画。この取り組みは、二〇一五年六月に雨竜町の道の駅で一カ月間開催された、「ウッドスタート子ども写真展」へとつながりました。

特別支援学校の生徒たちが地域の一員として社会に貢献することは、共生社会の実現への確かな一歩であり、それは同時に生徒たちにとっての成長への一歩にもなっているのです。

人間教育を柱とした学校経営を北海道で

二〇一四年の三月、年度最後の二学年便りに、Ａ君の作文が掲載されました。そこには、「積み木」を通して自信がついたことや、事業に携われたことへの喜びの言葉が並んでいました。A君は、大成長を遂げたのです。

その後、私は、特別支援学校へ異動になりましたが、A君をはじめとした高等養護学校の生徒たちと過ごした日々の経験などを生かし、新しい学校でも社会に貢献する取り組みを推進しています。

日頃から私は、「より意味のある、より価値のある教育を目指そう」と、教職員に、そして自らに言い聞かせています。「創価教育」とは、価値を創造する教育です。これからも、その理念を心に刻み、創価三代の有縁の地・北海道で、人間教育を柱とした学校経営に邁進していきます。

人間教育
実践報告
13

青森県　中学校教諭　特別支援学級担当
本道利枝子さん

信じることから始めよう！

長年、特別支援教育に携わってきた本道利枝子さん。

生徒一人ひとりの可能性を信じ、より良い教育環境を整えようと奮闘する本道さんの実践報告を紹介します。

落ち着けない子どもたち

「ハッピー八組」。これが、私が担当する特別支援学級の愛称です。数年前、生徒たちが〝幸せな気持ちで新年度をスタートできるように〟と願い、名づけました。

担任することになった学級は、中学二、三年生を合わせて七人の学級でした。そのうちの男子四人は、朝の学級活動からおしゃべりが止まらず、次から次へと誰かの悪口を言う生徒たちでした。この子たちは授業開始のベルが鳴っても着席せず、床に座り込んだり、着席してもすぐに姿勢が崩れたりと、いつも落ち着きがありません。目の前の課題には「めんどくさい」とばかり言い、注意する私には「うざい」を連発します。さらに、給食のマナーの悪さには驚くばかりでした。

何をさせようとしても、素直に行動してくれず、学習の課題もうまくこなせない……。私が誰か一人を注意すると、今がチャンスとばかりに、別の生徒がふざけ出します。彼らの言動で特に私の心が痛んだのは、生徒たちが前担任の悪口を言うことでした。そして、最後には決まって「どうせ、俺たちはだめなんだ」と自己否定をするのです。

最大の教育環境は教師自身

私はそんな生徒たちに接するたびに、こう自問自答していました。〝学級担任も信じようとしない生徒たちに、何をどう教えればいいのだろう? 明るい挨拶ができ、笑顔で笑い合い、助け合える子どもに育てたい。そして何より、生徒たちには、もっと自分自身を好きになってもらいたい〟と。

そんなある日、生徒たちのことで思い悩んでいた時、池田大作先生が私たち教育者に贈ってくださった次の言葉が頭に浮かびました。

「教師が生徒を信じること――それこそが教育の根幹です」

「教師が、子どもたちを信じていく。信じてあげれば、子どもたちは、必ずまっすぐに応えてくれる」

「最大の教育環境は教師自身である」※1

私はこの言葉を思い出した時、〝こちらがどんなに生徒のために頑張っているつもりでも、生徒が心を開いてくれなければ、気持ちは伝わらない〟〝生徒が心を開き、自分を受け容(い)れてくれてこそ、こちらの心も伝わるのだ〟と、初心に帰ることができたのです。

子どもたちは、大人がありのままの自分を受け容れてくれているかを、素直な、そして、鋭(するど)い感性で見つめています。八組の生徒たちもずっと私を見つめていたことでしょう。そのことに思い当たった時、〝試されていたのは、私のほうだったのだ〟と改(あらた)めて気づかされたのです。

生徒の心を開く関わりを実践

それからの私は、〝自分がこの子たちをそのまま受け容れ、この子たちの成長を信じよう！〟と決意しました。そして、生徒たちと一緒に笑って話せるようになりたいと願い、生徒たちとの関わり方を改めていきました。

生徒たちとの会話も「そうなんだ」と、まずは生徒の気持ちを受け容れるよう心がけ、「それから、どうしたの？」と話をつなげていきました。

また、自分のことや自分の家族のことも少しずつ話すようにしました。一人の親として、親の気持ちや願い、時には苦労話なども生徒たちに話すようにしたのです。生徒たちはいつの間にか私の娘のことも気にかけてくれるようになり、大雨の日などは、「Mちゃん、大丈夫かな？」と、娘が無事に家に帰れるかを心配してくれるようになったのです。彼らの優しい言葉を聞いた時、私は「この子たち、優しいんだな。かわいいな」と素直に思えるようになり、彼らとの生活が本当に楽しいものになりました。

さらに、以前は〝できて当たり前〟と思っていたちょっとしたことも、言葉で具体的にほめるようにしました。

そんなある日、三年生の男子が「俺、最近イライラしなくなった」と言いました。「そうなの？　どうして？」と聞いてみると、「先生は、俺の気持ちをわかってくれているから」と。また、別の生徒も「俺も」と言ってくれたのです。うれしい言葉でした。その後、教室から「うざい」や「めんどくさい」などの声が減っていき、みんなで笑って過ごせる時間が増えていきました。

一人ひとりに合った学習内容へ

そのような取り組みと並行して、私は学習内容の見直しを行いました。学校生活の中心は、やはり学習です。彼らを飽きさせないように、学習課題をたくさん用意しました。全員で一緒に学ぶ時間と、個々の学習能力に合わせて学ぶ時間に分け、個別の課題を複数用意して、どんどん挑戦させました。

一学期の末には、ほとんどの生徒が各教科の担当者から「意欲的に取り組みました」「積極的に活動しました」「あきらめずに完成させました」との評価をもらい、みんなで喜び合いました。

二学期の課題として私は、食事マナーを取り上げました。食事マナーは、「人に好感を持たれる姿勢や態度」と深く関わることだと思い、根気強く取り組みました。

生徒のなかには、「そんなことは、もう知っている」と言う子もいましたが、私は〝「知っている」だけではなく「できる」ことが大切だ〟と教えました。

一年が終わる頃、三年生の男女四人は希望する進路に挑戦し、全員が納得した進路に進むことができました。進学先の三年間で、さらに自分の可能性を開き、それぞれが社会的に自立できる力(ちから)を身につけてくれることを祈(いの)りながら、私は四人を送り出しました。

二人三脚で勝ち取った高校合格

「ハッピー八組」、二年目のことです。ある日、三年生の健一君（仮名）が突然「やっぱり俺はだめなんだ！」と言い、涙を流し始めました。「障害者は、だめなんだ。友達にも馬鹿にされるんだ」と言うのです。

日頃、通常学級の友達と仲良く生活し、運動部でも活躍している健一君です。どうしても大好きな部活ができる高校へ進学したいとの希望を持ち、通常学級の授業にも積極的に参加していました。あの高校進学への熱意と決意はいったいどこに行ってしまったの――。私は彼の話をじっくりと聞いてみました。

すると、通常学級での授業内容が難しくてついていけないこと。高校受験への不安に加え、経済的な不安があること。さらに、家族関係に心配なことがあるなど、さまざまな困難を抱(かか)えていることを話してくれました。

私は、「桜梅桃李(おうばいとうり)」という言葉を通して、人それぞれに違いがあるからこそ一人ひとりの個性が輝くこと。障害やさまざまな困難を抱えている人こそ、幸せに生きる権利があること。また、必死に努力する人には、必ず応援してくれる人が現れることを語りました。

そして、「自分の人生だよ。どんな進路に進みたい？　どんな人になりたい？　先生は健一君を応援するよ」と励ましました。すると彼は、「やっぱり、高校に行きたい」と決意を新たにしてくれたのです。

それからは、昼休みを返上して二人で五教科の宿題に取り組みました。学級の他の生徒たちは、静かに見守り、協力してくれました。放課後の学習会は、私と彼とのマンツーマン。彼は、時々弱音を吐きながらも、根気強く努力を続けました。

そして、高校の合格発表の日。健一君は、見事合格を勝ち取ることができたのです！　彼の合格の知らせに、多くの職員も喜んでくれました。

健一君は卒業式の日、私に手紙をくれました。そこには「本道先生のクラスになってからの二年間は、毎日が充実していました。先生は信用できる先生です」と綴られていました。ありがとう、健一君。ハッピー八組、万歳！

生徒の成長こそ教師の使命

卒業生たちは、自分の可能性を信じて八組を巣立ち、それぞれの進学先で元気に生活しています。時々、母校に顔を見せに来てくれる卒業生たちの、たくましく成長している姿に、〝教員になってよかった。この仕事を続けてよかった〟と、喜びを感じます。

特別支援教育に携わって二十五年。自身の人生のちょうど半分を、特別支援教育に携わってきたことになります。若い頃は、生徒を自分の考える枠にあてはめようとしたり、生徒とわかり合えないと、自分から関わり合いをあきらめようとしたり……。しかし、そんな私の弱い心を励まし続けてくれた言葉があります。それは「あなたには、あなたにしか果たせない使命がある」との教育本部の先輩方がかけてくださった言葉です。

自分の使命とは何なのか――。悩み考え、池田先生の書籍を読み進めていくなかで、自分なりに辿(たど)り着いた答えがあります。それは、生徒が自分の持つ力を十分発揮していけるよう、彼らにより良い教育環境を整えていくことが私の使命である、ということです。

推進校としてセミナーで発表

現在、私は特別支援教育コーディネーターとして、特別支援学級の学級経営を核にした校内の支援体制づくりを推進しています。

二〇一四年一月、独立行政法人「国立特別支援教育総合研究所」のセミナーが東京で開催されました。同年、「障害者の権利に関する条約」が批准され、教育の場では「インクルーシブ教育システム」[※2]の構築と推進に注目が集まっていました。私は、一日目のシンポジウムで、全国の小中学校の推進校のなかから一校だけ『つなぐ』ことを意識した、中学校における校内支援体制の構築」と題した発表をさせていただきました。

キーワード「つなぐ」の内容は、校内で支援学級と通常学級の生徒たちの横のつながりを大切にして生活させていくこと。また、小学校、中学校、高等学校など、年齢を軸とした縦の関係機関につないでいくこと。さらに、地域や福祉サービスなど斜めの関係機関につないでいくことの三点です。

特別支援学級の生徒を全校態勢で育てていくことで、教員の多くが障害や困難のある生徒との関わり方や指導方法を工夫するようになります。これらの経験は、通常学級のなかにいる多様な生徒への気づきにつながり、より良い支援に生かされていきます。

池田先生は、私たち教育者に、常に励ましを送ってくださっています。池田先生の励ましと、教育本部の先輩方からの励ましのおかげで、今日の私があります。このことに深く感謝し、生徒たちの可能性を信じ、温かい励ましを送ることのできる教師に成長してまいりたいと思います。

「教師こそ最大の教育環境である」ことを忘れずに。

※1　『池田大作全集』第六十三巻（聖教新聞社）、二八四ページ

※2　人間の多様性を最大限に尊重し、障害のある人が教育制度一般から排除されず、障害のある人と障害のない人が共に学ぶ仕組みのこと。

人間教育実践報告
14

宮城県　特別支援学校　栄養教諭
本橋(もとはし)　由江(よしえ)さん

子どもたちを笑顔にする
〝宇宙一〟おいしい給食

子どもたちの心と体をつくる学校給食。
栄養教諭として手づくり給食にこだわる本橋由江さん。
給食を通して、心を通わせる本橋さんと子どもたちのドラマを紹介します。

学校栄養士としての誇りと責任

私は宮城県内の特別支援学校で栄養教諭をしています。「あなたの大好物は？」と聞かれたら、私は迷わず「ばあちゃんのみそおにぎり！」と答えます。私が小さかった頃、両親は共働きで、帰宅が遅くなり小腹の空くタイミングになると、決まってばあちゃんが仙台みそが塗られた俵形のみそおにぎりをにぎってくれました。そのおいしさは今も忘れることができません。〝手づくり料理には、愛情という目に見えない調味料がたくさん入っている〟、そう私が考える食の原点は、このみそおにぎりにあるのかもしれません。

大学で栄養士免許を取得し、一九九〇年から学校栄養士として勤務しました。初任地は県南の小学校でした。その頃から、学校栄養士が〝食の専門家〟として授業を受け持つ取り組みが始まりました。しかし、当時は栄養士が教壇に立つことへの反発は大きく、〝なぜ栄養士なんかが教壇に立つのか〟と、先生方からは冷たい目で見られる日々が続きました。

期待を胸に異動した二校目の勤務校。栄養士に対する理解はあったものの、突然、同僚の男性教諭から、「何怒ってんのや」と声をかけられました。私は至って真面目(まじめ)に仕事をしていただけなのですが、その先生は立て続けに、「そうでなくてもおっかねぇ顔してんだから、常に笑ってろ」と、今なら間違いなく訴(うった)えられるようなことを言い放(はな)ちました。

三校目で初めて特別支援学校に赴任。四校目も別の特別支援学校に勤務しました。親と同じ年の調理員さんは、三十年近く同校で給食を出してきたプロ中のプロです。翌月の献立(こんだて)案ができ上がり、打ち合わせをしていると、「こんにゃくの量が多い」「品数がありすぎる」と一日ごとにチェックが入ります。初めは黙って言う通りに変更していましたが、全部の献立に意見がつけられた時には、さすがに頭に来て、「じゃあ、献立づくりは皆さんにお任せします！」と帽子を床にたたきつけて部屋を出てきてしまいました。

このことを母に打ち明けると、「ねえちゃん、まず、その人の仕事ぶりをじっくり見てさ、その人を味方につけな。必ず、力(ちから)になってくれるから。お母さん、祈(いの)っててからね」と、力強く励ましてくれました。

この言葉に勇気をもらい、翌朝から調理室に入り、毎日調理員さんと一緒に作業をしました。調理主任の方には、料理のつくり方はもちろん、献立の先にある子どもたちのことまで、給食のノウハウを徹底的にたたき込まれました。時には複雑な思いもしましたが、いつしか、〝この人に認めてもらいたい〟と思うようになりました。

それから一年後、その調理主任の方から、「あんたの好きなように献立つくらい。私ら助けっから」と言われた時は涙が溢れました。

私はこの経験から、自分が目指すべき道が見えてきたように感じました。それは、調理という仕事に誇りと責任を持ち、安全でおいしく、美しい給食をつくり上げることです。さらに、給食で子どもたちの笑顔をつくることでした。ここで学んだことは、今でも栄養士としての原点となっています。

こだわりぬいた手づくり給食

次の学校に赴任した時のことです。ある保護者からクレームが入りました。「今度の栄養士の給食、うまぐねえんだって」と言うのです。これはショックでした。ほとんど冷凍物を使っていた前任者の献立と百八十度違う私の手づくり給食は、でき合いの濃い味に慣れてしまった子どもたちには、すぐに受け容れてもらえなかったのです。残食は日々、山のようでした。〝頑張っても認めてもらえないなら、もう頑張らない〟と投げ出したくなりました。

そんな私を見て給食主任の先生が、「本橋先生の手づくり給食、ぜひ続けてくださいね」と言ってくれました。さらに、クレームを言う保護者へ丁寧に説明もしてくれたのです。その応援に、〝子どもたちに、食べ物の本当の味を伝えなければ！〟とがぜん闘志が湧き、手を替え品を替え、これでもかと地場産品の野菜をたっぷり使った献立を考案していきました。

すると、いつしか子どもたちも私の給食に慣れ、残食がほとんど出なくなったのです。「娘の便秘がなくなりました」「家でも野菜を食べるようになりました」と、感謝の言葉までいただけるようになりました。これは、栄養士として大きな自信になりました。

子どもの希望を叶(かな)える特別メニュー

二〇〇五年、食育基本法が施行されたこの年、私は栄養教諭の免許を取得。迷いながらも教員採用試験に挑戦し、二年かかりましたが、合格することができました。〇九年からは栄養教諭として勤務しています。

私の給食は、「お金はかけずに手をかける、給食は絶対手づくり」をモットーに自(みずか)ら厨房(ちゅうぼう)に立ち、デザートはもちろん、ドレッシングや焼き肉のたれも手づくりです。

子どもたちのなかには、両親の離婚や家庭の事情で施設から登校してくる子も多く、子どもを取り巻く環境はさまざまです。なかには、家で目玉焼きもつくってもらえない、誕生日ケーキを食べたことがない子どももいるのです。

私は全校生徒の顔と名前はもちろん、食事の好き嫌い、さらに誕生日までチェックして、子どもにそっと聞きます。「来月の誕生日、何食べたい？」と。すると、クリスマスにしか出てこないケーキや、今まで出したことがないメニューを言われますが、「しょうがないなあ」と、笑顔で答えた後、献立と給食費とにらめっこし、調理員さんたちに頼み込んで実現させます。自分が希望したメニューが出てきた時、子どもたちが満足げに食べる姿は、どんな幸せにも代えがたい喜びです。

愛情という見えない調味料

特別支援学校では、人とうまくコミュニケーションが取れなかったり、こだわりが強かったりする子どもが多く、時にはトラブルも起こります。ある時、学年主任の先生から、「今度、生徒指導に入ってもらえませんか。他の先生だと身構えて黙る生徒が、本橋先生だったら話をするので」と言われました。

二〇一九年三月に卒業したA君もその一人です。A君は無表情で無口、仲の良い友人も特に見当たらず、クラスで食育の授業をしていた時も特に話をすることはなかったのですが、食堂に来るたびに話すようになりました。そのきっかけが、卒業文集にこう書いてありました。

「僕がイライラしている時、ある先生が僕に話しかけてくれました。その先生は本橋先生です。先生は僕のイライラした気持ちを一瞬で吹き飛ばしてくれて、さわやかな気持ちになれました。僕にとって本橋先生は、学校で唯一無二の癒やしの存在と言っても過言ではありません。先生と話すたびに気持ちがすごく落ち着けて、いつも笑っている姿を見ると、毎日頑張っていけるという気持ちにしてくれて、感謝してもしきれなくて、どんなふうにお礼を言ったらいいかわからないくらいです」と。

かつては、「いつも笑ってろ」と言われた私が、たくさんの子どもたちと出会い、心を通わせるなかで、いつしか自然と笑顔で接することができるようになったのです。感謝するのは私のほうでした。

A君の卒業の日がやってきました。みんなと一緒に入場し、しっかりと卒業証書を受け取る姿に胸が熱くなりました。「卒業生退場」のアナウンスがあったとたん、A

君が「ちょっと待った！」と突然ステージ前に立ったのです。場内があっけにとられ、ざわつく間もなく、大声で「本橋先生、三年間おいしい給食、本当にありがとうございました！　先生のつくる給食は世界一、いや宇宙一だ！」と、あの無口で無表情だったA君が何度も何度も大勢の人の前で言ったのです。予期せぬ出来事に驚いたのはもちろんでしたが、場内は温かな拍手に包まれ、A君は堂々と退場していきました。私にとっては忘れられない、ただただ涙が止まらない卒業式となりました。

池田大作先生は、『わが教育者に贈る』のなかでこう綴っておられます。「〝人類の教師〟と仰がれる釈尊は、『喜びをもって接し、しかめ面をしないで、顔色はればれとし、自分のほうから先に話しかける人』であった、と伝えられます。仏とは、悟り澄まし、権威ぶった存在などではない。むしろ〝快活に気さくに自ら声をかける〟――ここに仏の振る舞いがあります」※と。教師として最も大切な姿勢だと心に刻んでいます。

現在、私は宮城県栄養士会の代表を経て、全国学校栄養士協議会の理事として奮闘中です。食生活の変化に伴い、子どもたちの食の乱れや肥満傾向など、さまざまな健康問題が見られます。健全な食生活は、健康な精神を育むために欠かせないものです。私の職務はティーチャー、コーディネーター、カウンセラーであると同時に「マザー」でもあると感じています。分け隔てなく愛情を持って接する母のように、温かさを求めている子どもたちへ、亡き母そして祖母から教えてもらった愛情という調味料をたっぷり注いだ給食を届け、〝食べることが本当に楽しい〟と心の底から感じてもらえるよう、これからも成長してまいります。

※『池田名誉会長の指針　わが教育者に贈る』(聖教新聞社)、六九ページ

人間教育
実践報告
15

広島県　けん玉専門店オーナー

砂原　宏幸さん

どんな子も成長できる！ ——けん玉の魅力を世界に

〝広島発祥のけん玉を世界中に広めたい〟と話す砂原宏幸さんは、かつて小学校の教員でした。けん玉を学級経営に生かした実践報告と、各地で開くけん玉教室の模様を紹介します。

人生を決めた出会い
けん玉人生の始まり

広島が発祥の現在のけん玉は、アメリカやヨーロッパを中心に、近年、若者の新たなストリートカルチャーとして注目を浴び、世界的なブームとなっています。私はそんなけん玉を本格的に販売する、日本初の「けん玉専門店」を営んでいます（二〇二〇年現在、店は他の方に譲渡）。また、国内外でけん玉のパフォーマンスを行い、教室も開いています。これまで日本では、小学校や保育園・公民館・社会福祉施設等で教室を開き、海外ではモンゴル・フィリピン・ハワイ・台湾などで、普及活動を行ってきました。

私のけん玉人生は、波瀾万丈の連続でした。一九七二年三月、大学進学とともに広島を離れ、京都で大学生活を始めました。大学三年生の時には、念願が叶い、人生の師匠である池田大作先生に初めてお会いすることができました。その時、教育の重要性を熱く語られる池田先生のお姿に、「自分も教育の事業で貢献しよう。教師になってお応えしよう」と決意しました。

法学部に所属していた私は、卒業してから通信教育を受け、教員免許を取得。一九七九年四月、晴れて広島県の小学校教諭になることができました。

私が児童に一貫して訴えたのは、「夢を持とう、夢に向かってチャレンジしよう！」ということでした。また、創価学会で学んだことを生かし、全力で仕事に取り組みました。そんななか、一九九八年、当時勤務していた小学校でけん玉クラブが発足し、私が顧問に名乗りを上げました。これが私のけん玉人生のスタートでした。

けん玉を学級経営に生かす

子どもたちと一生懸命にけん玉の練習をするうちに、多くの子たちが「できた時の達成感」や「やればできるという自信」を持ち、けん玉に夢中になっていきました。いつしか私は、〝これは学級経営にも生かせるかもしれない〟と思うようになりました。

ある年、担任を受け持った六年生のクラスに、いじめられっ子のA君がいました。彼はおとなしく、勉強もスポーツも苦手な子で、周りから馬鹿にされていました。そんなA君に私はけん玉を教え、一緒になって練習しました。そして、他の子にはできない大技ができるまでになりました。すると、いじめていた子どもたちがA君に尊敬の眼差(まなざ)しを向けて言うのです。「A、すごい！」「A、俺にも教えてくれ！」。もうA君は大喜びです。さらに人一倍練習し、夏休みには私と一緒にけん玉普及のためにモンゴルに行くまでになりました。すっかり自信をつけたA君はみんなにけん玉を教えるようになり、いじめられることはなくなりました。

B君のことも忘れられません。B君は五年生の時、一度も学校に行けませんでした。彼が六年生になり、私が担任になりました。さっそく家庭訪問に行きましたが、出てきてはくれませんでした。仕方なく帰ろうと思いましたが、あきらめきれず、「今度一緒にけん玉をしよう！　けん玉を置いておくから、気が向いたら練習しとってね」と、玄関の外から二階にいる彼に向かって大きな声で叫(さけ)びました。そして、けん玉を置いて帰りました。一週間後、再び訪問した時には、私の熱意が伝わったのか彼はけん玉を持って待ってくれていました。それからは毎週のように訪問し、二人でけん玉をしました。けん玉を通して心を通わせ、いろいろな話ができるようになりました。そして夏休みを終えた二学期、ついにB君は登校することができたのです。その後、彼は大阪で美容師として活躍するまでに成長しています。

このように、学校のさまざまな場面でけん玉効果が見られるようになり、テレビ局が取材に来るようになりました。〝こんな素晴らしいけん玉をより多くの人に伝えたい〟と、子どもたちと一緒に地域のイベントに参加し、けん玉大会も主催するようになりました。

〝けん玉を世界中に夢を実現するために〟

「広島県発祥のけん玉を世界中に広めたい」。いつしかこれが、私の新たな夢になりました。そして、〝池田先生にお応えする道はこれしかない！〟と、熟考の末に、二〇〇七年、二十八年間務めた小学校教諭を辞めました。五十三歳の決断。定年まで安泰だった収入は、いきなりゼロに。加えて「けん玉は子どもの昔遊び」といった周囲の批判的な声もありました。しかし、〝多くの人にけん玉の楽しさを知ってもらいたい！〟との強い信念で、公民館のけん玉教室、住宅展示場のイベント出演など、なんでもやりました。〇九年には、私が住んでいる広島県廿日市市の「観光親善大使」に応募し、五十五歳で第十一代の観光親善大使に。少しずつですが、「けん玉の砂原」と、私を知ってくださる人が増えていきました。

そうして一〇年からは、廿日市市内の全小学校の入学祝いに、けん玉がプレゼントされるようになりました。そして私がすべての小学校を訪問し、けん玉の指導をするようになりました。

私は高齢者やハンディキャップのある人にもけん玉を教えていますが、かつて臨時の採用で、特別支援学級の担任もしました。発達障害の子、身体に障害のある子、どんな子もけん玉を通して成長していきました。そういった姿を見られたことが、私の糧(かて)になっています。

上達のコツは、ほめて自信を持たせること

さて、一回のけん玉教室の時間はだいたい一時間ですが、子どもたちに一時間けん玉をさせることは大変です。けん玉を正しく持てなかったり、玉を上げられなかったり……。身体に障害がある子もいます。しかしどんな課題がある子でも、興味や関心を持たせること、自分にもできそうと安心感を与えること、そして、ほめて自信を持たせることを意識して教えれば、集中して楽しくけん玉をすることができます。

私のけん玉教室では、最初にこう挨拶(あいさつ)します。「ここの子どもたちのなかに、けん玉名人がいます」。そう言うと、「えー!」と返ってきます。そこですかさず「姿勢のいい人がけん玉名人だよ」と話すと、みんなピシーッと姿勢が良くなります。

次に、けん玉のいろいろな技を披露します。すると、子どもたちから大歓声が上がります。そうして、「さあ、みんなけん玉やってみようか!」と皆に促(うなが)し、誰でも簡

単にできる技から始めます。すると、「できたー！」と、また子どもたちから歓声が上がり始めます。「僕にもできる、私にもできる」という安心感と自信を持たせていくのです。ところが、だんだん難しい技に進むと、子どもたちはできなくなっていきます。そこからが私の腕の見せどころ。ほめることで、上達を促していくのです。

「玉が上がったね、上手！」「お皿に玉が当たったね、上手だから当たったんだよ！」「真んなかに当たるなんてすごい、大当たり！」。全然できない子にも、「姿勢がいいね」「玉をよく見ているね」と、どんな小さな頑張りでもほめます。当然、技ができた子にも、これでもかというほどにほめます。それも、本気でほめます。子どもたちは見守られている安心感、そして失敗してもほめてもらえるうれしさで、どんどんチャレンジするようになっていきます。すると、たとえ保育園児だとしても、六十分間、集中して頑張ることができるのです。

　学校教育では、みんなで同じことを、決められた時間のなかでやらなければならないことが多いです。しかし、私のけん玉教室は自由そのもの。これが社会教育の良さではないか、と思っています。

感謝の思いを胸に、けん玉普及に駆ける

二〇一四年には、「けん玉を世界中に広めたい」との夢の実現のために、念願のけん玉専門店「けん玉ショップ&サロン夢。」をオープンさせました。その年、広島で行った第一回けん玉ワールドカップも大成功。一六年には第三回が盛大に開催されました。以来イベントやけん玉教室の依頼も増え続け、今では年間約四百会場、一万人以上にけん玉を教えています。

広島県内では、今では四十を超える小学校にけん玉を教えるため通っています。一〇年に福岡市で始めたけん玉教室は、口コミで増え続け、今では、福岡市内の二十を超える小学校に拡大しました。山口県でも小学校や公民館等でけん玉を教えています。最近では、病院や介護施設でのリハビリにも、けん玉が使われるようになりました。車いすけん玉クラブも発足し、ハンディキャップのある人にもけん玉の輪が広がっています。今、「けん玉の砂原」として、地域や企業のイベントにも私は引っ張りだこ

です。

池田先生はかつてこう語られました。「すべては、一人から始まる。その一人から、大きな波動が広がるのである」。まさに、一人から始めた「砂原夢企画」のけん玉の取り組みは、今、大きく広がっています。池田先生への感謝の思いを胸に、これからもけん玉の素晴らしさを全世界に伝えるため、子どもたちに〝やればできる〟という達成感と自信を与えるため、全力で活動を続けてまいります。本日は、誠にありがとうございました。

人間教育実践報告 16

東京都　プロ家庭教師／プロスポーツ家庭教師

中里（なかざと）裕治（ゆうじ）さん

教育界の名医を目指して

一人ひとりに合った学習方法を相手の立場に立って考え、寄り添って学習指導をする中里裕治さん。プロ家庭教師として、子どもたちの成績を大きく伸ばし、自信をつけさせてきた取り組みを紹介します。

「二浪三留」の末にプロ家庭教師に

〝子どもたちの役に立ち、信頼に応えたい。医療の世界で、誰もがあきらめた患者を治せる名医がいるように、あきらめかけた子どもを立ち直らせるプロ家庭教師になろう〟――そう決意した私は、現在、「トッププロ家庭教師」として、業界最大手の家庭教師派遣会社に所属。今までに四百人以上の子どもを担当してきました。

中学受験から東京大学、早稲田大学、慶応大学、医学部受験など、これまで多数の合格実績を残すことができ、セミナー・講演会の講師なども、たびたび務めさせていただいております。

また、二〇〇五年にアームレスリングの世界大会で二位になったことから、その実績を生かし、プロの「スポーツ家庭教師」としても指導を行っています。家庭教師とスポーツ家庭教師の両方でプロになったのは、私が初めてです。

私がプロ家庭教師になったのは〇七年のことでした。大学在学中に、教員採用試験に二度合格するも留年のためにふいにし、三度目は不合格。二浪三留をし、親をたびたび泣かせてしまうような寄り道だらけの人生でしたが、学生時代の家庭教師経験や大手進学塾での講師の実績などが評価され、三十一歳の時に、家庭教師派遣会社と最高の条件で「プロ契約」を結ぶことができたのです。

多くの人の思いに応えたい

家庭教師の依頼内容はさまざまですが、多くは受験や定期試験対策であり、学校や塾の内容についていけなくなり、いわば「最後の砦（とりで）」として依頼がやってきます。特に私の場合は、塾や他の家庭教師に頼んでも、成績が変わらなかった子どもたちの親御さんから、多くの依頼が寄せられます。

テストの点数が悪い原因は、理解不足や勉強不足以外に、生活習慣や健康面、親子関係や家庭環境、その他さまざまあります。家庭教師はお宅にお邪魔して授業をするので、多くのことが見えてきます。そのため、単なる学習指導だけで解決しないと感じると、通常この仕事では踏み込まない家庭の問題にも、私は関わっていきます。

そう思うようになったのは、多くの子どもたちと出会うなかで、〝単なる学習指導だけでこの仕事を終わらせたくない〟という思いがあったことと、さまざまなご家庭で親子の気持ちに触れたからでした。

身体的な障害がありながら、一人っ子の幸せを願う父親、病気や不登校の子どもに悩む両親、ずっと年下の私にすべてを託して子どもの将来や幸せを願う親の気持ち、また、せめてもの親孝行として、国公立大学に合格しようと懸命に努力する受験生など、そのような人と出会うなかで、〝未熟な私だけれど、まずはできることを精いっぱいやろう。結果が出せない時があっても、歩みを止めずに力をつけて成長していこう〟——そう心に決め、挑戦を続けてきました。

子どもに自信を与える「最初の出会い」

ある男子高校生A君は、定期試験ですべての科目が十点前後。理科の指導中、あまりに話が嚙み合わないことから、「一時間は何分だっけ?」と聞くと、A君は真面目な顔で「三分ですよね?」との回答。「えっ、君はカップラーメンを食べるのに一時間も待つの?」と言って笑い合いましたが、私はお先が真っ暗になりました。

学校の授業についていけない子どもたちは、次第に〝勉強をしたい〟とは思えなくなります。そのため、学習の積み重ねもなく、受験を目指すと言いながらも、目標とは程遠い現状を目の当たりにします。しかし、絶対に言えることは、子どもたちは全員、〝いい点数を取りたい〟〝勉強ができるようになりたい〟と本心では思っていることです。

私は、池田大作先生の「教師こそ最大の教育環境なり」※との言葉を信念に、〝絶対に奇跡を起こしてみせる!〟との思いで、一人ひとりに会いに行きます。

その際、私が大事にしているのは、「最初の出会い」です。初めの二時間で、どこまで子どもの気持ちを変えられるかです。〝この先生と一緒なら勉強ができそうだ〟〝点数が上がりそうだ〟と思わせられなければ次はないと決め、真剣に勝負します。具体的には、私との出会いを楽しく感じ、また会いたいと思わせることです。趣味や好きなことを話題にしたり、私のアームレスリングの話をしたりしながら、緊張を解きほぐし、安心感を与えます。

その後、授業をしながら、その子に合った学習方法をその場で提案します。学校と異なる学習方法と指導方法を考え、さらに対話のなかで生徒の性格や生活習慣も把握し、本人が納得し実行できる計画を立てます。そして残りの時間で〝できた！〟という成功体験をつかませ、〝点数が上がりそうだ〟という希望を持たせます。

家庭教師は点数や成績を上げるという数値目標があるため、平均して二、三カ月以内には結果を出さなければなりません。ですから、常に一人ひとりに合った学習方法を追求する毎日です。

決してあきらめずに、そして楽しく勉強させることで、「一時間は三分」と答えたA君も、その後、数学で何と九十点台を取り続け、英語や理科でも八十点以上を取るようになり、同級生たちから「世界七不思議の一つだ！」と言われるほどに学力を伸ばすことができました。そして、高校三年の進路選択の時には、「僕は数学が得意なので、数学の教師になります」と言うほど、自信を持てるまでに成長。大学進学をすることができました。

自身の悩みや喜びがそのまま励ましになる

不登校の子や、病気の子を持つご家庭の依頼を受けた時に、私が生徒やご両親に話すのが、自身の半生や家族の体験です。

私の妻はうつ病やパニック障害、また子宮内膜症性卵巣のう腫という病気を抱え、医師からは「子どもは産めない」と言われてきましたが、夫婦で病を乗り越え、一男一女の二人の子を授かることができました。

しかし、その長男は自閉症と診断され、他の子よりも成長が遅い部分が多くあります。それでも、他の家庭では当たり前であるような、一つ一つの小さな成長が、私にとっては喜びや幸せの源となっています。

そして、不登校の子や病気の子を持つご家庭に、私の悩みや喜びを率直に語ることは、そのご家庭にとっての励ましとなり、希望を送ることにもつながっているのです。

「一対一」の関わりで子どもに希望を与える

ある女子中学生Bさんは、私立中学に受験をして入学したのですが、学力は学年最下位。授業態度や集中力もあまり良くありませんでした。

以前からBさんのお母さんは私に、「何か問題がありましたら遠慮なくおっしゃってください」と信頼していただいていたので、懇談の場をつくり、親子関係にも一歩踏み込んでいきました。

親子と面談をするなかで、両者の認識に大きな違いがあるのがわかりました。母の〝娘に少しでもいい教育を〟との強い思いが、娘にとってプレッシャーになっていること。娘が話し下手のため、母が一方的に話してしまい、娘はまったく話を聞いてもらえないと不満を抱(いだ)いていたこと。娘がいい結果を出しても、「もう少し頑張りなさい」との話で終わってしまうこと。

そんな不信感が募(つの)るなか、いつしかBさんは母親に成績表を見せなくなっていました。そこで私は、Bさんの前でお母さんに成績表を見てもらいました。数学が学年で五位になったことを伝えると、お母さんは「すごいじゃない！　頑張ったね！　何で言ってくれなかったの」と、とても喜んでくれました。その時、Bさんの目から大粒の涙がポロポロと流れました。私はBさんに席を外してもらい、お母さんに「娘さんがなぜ泣いていたかわかりますか？」と尋ねました。「いい成績を取ってうれしかったからじゃないですか」と答えるお母さん。私はお母さんにこう言いました。「いいえ違います。Bさんは、お母さんにあんなにほめてもらって、うれしくて泣いていたんです。もっともっと、ほめてあげてください」と。

お母さんとしては、励ますつもりで、たとえテストで八十九点を取ったとしても「あと一点で九十点じゃない。ミスをなくさないと」と、ほめるよりも先に注意していました。私はその関わり方の一つ一つを、改善点も含め丁寧に説明していきました。

その後、Bさんは学習意欲や集中力も増し、中間や期末試験の合計点が、常に学年トップ5に入るようになりました。それにつれ、Bさんの意識も変わり、ついには試験や答案返却が楽しみになるまでになりました。

他にも、不登校だった生徒が登校できるようになり、さらに部活に励んでキャプテンにまでなったなどの報告を受けたり、また、保護者の方から「中里先生は他のプロ家庭教師の方と違って、勉強だけでなく、その先にある大切なことを教えてくださるので、お願いしました」と話してくださったりすると、一人ひとりのことを大切に思い、教育実践を積み重ねたことに無駄はなかったのだと実感します。

子どもは一人ひとり理解するスピードが違います。また、一斉授業のなかで、苦手科目を得意科目にするのは、容易なことではありません。

その状況を打開するためには、「一対一」の指導がとても有効です。〝子どもが苦痛にさえ感じてしまう勉強に、どう前向きに取り組ませていくか〟――私は日々、子どもたちの立場になって考え、寄り添っていけるように、心を砕(くだ)いて接しています。

単に点数を上げるだけではなく、〝その子が自信をつけ、成長し、人や社会の役に立つリーダーになってほしい〟――それが私の願いです。これからも、教育界の「名医」となれるように、自分自身が成長し、力をつけ、努力し続けてまいります。

※『池田名誉会長の指針　わが教育者に贈る』（聖教新聞社）、二三一ページ

装丁・レイアウト　株式会社藤原デザイン事務所
写真　奥谷 宏（p48 ～ p59）
手島雅弘（p62、p128）
ボクダ茂（p13、p23、p92）
三原 修（p118、p188、p230）
吉田じん（p150、p162、p220）
編集協力　上妻武夫
長野 修

世界が求める創価の人間教育

2020 年 11 月 18 日　初版第 1 刷発行
2024 年 7 月 17 日　初版第 3 刷発行

編　者　創価学会教育本部
発行者　松本義治
発行所　株式会社　第三文明社
東京都新宿区新宿 1-23-5
郵便番号　160-0022
電話番号　03（5269）7144（営業代表）
03（5269）7145（注文専用）
03（5269）7154（編集代表）
振替口座　00150-3-117823
URL　https://www.daisanbunmei.co.jp/
印刷・製本　藤原印刷株式会社

Printed in Japan
ISBN 978-4-476-06246-5